KB198628

조선시대
외국어 공부와
시험

조선시대
외국어 공부와
시험

초판 1쇄 인쇄 2024년 11월 18일
초판 1쇄 발행 2024년 12월 2일

—

기 획 한국국학진흥원

지은이 이남희

펴낸이 이방원

책임편집 배근호   **책임디자인** 손경화

마케팅 최성수·김 준   **경영지원** 이병은

—

펴낸곳 세창출판사

신고번호 제1990-000013호 주소 03736 서울특별시 서대문구 경기대로 58 경기빌딩 602호

전화 02-723-8660 팩스 02-720-4579 **이메일** edit@sechangpub.co.kr **홈페이지** http://www.sechangpub.co.kr

블로그 blog.naver.com/scpc1992 페이스북 fb.me/Sechangofficial 인스타그램 @sechang_official

—

ISBN 979-11-6684-367-9 94910
       979-11-6684-164-4 (세트)

ⓒ 한국국학진흥원 인문융합본부, 문화체육관광부

이 책의 한국어판 저작권은 한국국학진흥원과 문화체육관광부에 있습니다. 신저작권법에 의해 보호받는 저작물이므로 무단 전재와 복제를 금합니다.

한국국학진흥원 전통생활사총서 24

조선시대
외국어 공부와
시험

이남희 지음
한국국학진흥원 기획

세창출판사

책머리에

한국국학진흥원에서는 2022년부터 문화체육관광부의 지원
으로 전통생활사총서 사업을 기획하였다. 매년 생활사 전문 연
구진 20명을 섭외하여 총서를 간행하기로 했다. 지난해에 20종
의 총서를 처음으로 선보였다. 전통시대의 생활문화를 대중에
널리 알리기 위한 여정은 계속되어 올해도 20권의 총서를 발간
하였다.

한국국학진흥원은 국내에서 가장 많은 약 65만 점에 이르는
민간기록물을 소장하고 있는 기관이다. 대표적인 민간기록물
로 일기와 고문서가 있다. 일기는 당시 사람들의 일상을 세밀하
게 이해할 수 있는 생활사의 핵심 자료이고, 고문서는 당시 사
람들의 경제 활동이나 공동체 운영 등 사회경제상을 이해할 수
있는 자료이다.

한국의 역사는 '조선왕조실록'이나 '승정원일기'와 같이 세계
적으로 자랑할 만한 국가기록물의 존재로 인해 중앙을 중심으
로 이해되어 왔다. 반면 민간의 일상생활에 대한 이해나 연구
는 관심을 덜 받았다. 다행히 한국국학진흥원은 일찍부터 민간

에 소장되어 소실 위기에 처한 자료들을 수집하고 보존처리를 통해 관리해 왔다. 또한 이들 자료를 번역하고 연구하여 대중에 공개했다. 이러한 민간기록물을 활용하고 일반에 기여할 수 있는 방법으로 '전통시대 생활상'을 대중서로 집필하여 생생하게 재현하여 전달하고자 했다. 일반인이 쉽게 읽을 수 있는 교양학술총서를 간행한 이유이다.

총서 간행을 위해 일찍부터 생활사의 세부 주제를 발굴하는 전문가 자문회의를 개최하고, 전통시대 한국의 생활문화를 가장 잘 구현할 수 있는 핵심 키워드를 선정하였다. 전통생활사 분류는 인간의 생활을 규정하는 기본 분류인 정치, 경제, 사회, 문화로 지정하였다. 이를 기반으로 매년 각 분야에서 핵심적인 키워드를 선정하여 집필 주제를 정했다. 이번 총서의 키워드는 정치는 '과거 준비와 풍광', 경제는 '국가경제와 민생', 사회는 '소외된 사람들의 삶', 문화는 '교육과 전승'이다.

각 분야마다 5명의 집필진을 해당 어젠다의 전공자로 구성하였다. 어디서나 간단히 들고 다니며 쉽게 읽을 수 있도록 최대한 이야기체 형식으로 서술해 달라고 부탁하였다. 다양한 사례의 풍부한 제시와 전문연구자의 시각이 담겨 있어 전문성도 담보할 수 있는 것이 본 총서의 매력이다.

전문적인 서술로 대중을 만족시키기는 매우 어렵다. 원고

의뢰 이후 5월과 8월에는 각 분야의 전공자를 토론자로 초청하여 2차례의 포럼을 진행하였다. 11월에는 완성된 초고를 바탕으로 1박 2일에 걸친 대규모 학술대회를 개최하였다. 포럼과 학술대회를 바탕으로 원고의 방향과 내용을 점검하는 시간을 가졌다. 원고 수합 이후에는 각 책마다 전문가 3인의 심사의견을 받았다. 2024년에는 출판사를 선정하여 수차례의 교정과 교열을 진행했다. 책이 나오기까지 꼬박 2년의 기간이었다. 짧다면 짧은 기간이다. 그러나 2년의 응축된 시간 동안 꾸준히 검토 과정을 거쳤고, 토론과 교정을 통해 원고의 완성도를 높이기 위해 분주히 노력했다.

전통생활사총서는 국내에서 간행하는 생활사총서로는 가장 방대한 규모이다. 국내에서 전통생활사를 연구하는 학자 대부분을 포함하였다. 2023년도 한 해의 관계자만 연인원 132명에 달하는 명실공히 국내 최대 규모의 생활사 프로젝트이다.

1990년대 이후 폭발적으로 증가했던 일상생활사와 미시사 연구에 대한 학계의 관심이 근래에는 소홀해진 상황이다. 본 총서의 발간이 생활사 연구에 활력을 불어넣는 계기가 되기를 기대한다. 연구의 활성화는 연구자의 양적 증가로 이어지고, 연구의 질적 향상 또한 이끌 것이다. 그렇게 된다면 전통문화에 대한 대중들의 관심 역시 증가할 것으로 기대한다.

본 총서는 한국국학진흥원의 연구 역량을 집적하고 이를 대중에게 소개하기 위해 기획된 대표적인 사업의 하나이다. 참여한 연구자의 대다수가 전통시대 전공자이며 앞으로 수년간 지속적인 간행을 준비하고 있다. 올해에도 20명의 새로운 집필자가 각 어젠다를 중심으로 집필에 들어갔고, 내년에 또 20권의 책이 간행될 예정이다. 앞으로 계획된 총서만 100권에 달하며, 여건이 허락되는 한 지속할 예정이다.

대규모 생활사총서 사업을 지원해 준 문화체육관광부에 감사하며, 본 기획이 가능하게 된 것은 한국국학진흥원에 자료를 기탁해 준 분들 덕분이다. 다시 감사드린다. 아울러 총서 간행에 참여한 집필자, 토론자, 자문위원 등 연구자분들께도 감사 인사를 전한다. 책의 편집을 책임진 세창출판사에도 감사드린다. 이 모든 과정은 한국국학진흥원 여러 구성원의 노력이 있었기에 가능했다.

2024년 11월
한국국학진흥원 인문융합본부

차례

조선시대에는 어떤 외국어가 있었을까, 특히 선호하는 외국어가 있었을까, 외국어는 어떻게 공부했을까, 왜 배웠을까, 어디서 배울 수 있었을까, 그리고 무엇을 위해서 시험을 치렀으며, 또 시험은 어떻게 치렀을까? 오늘날의 외국어 열풍, 특히 영어 공부와 관련해서 생각해 보면 자연스레 한 번쯤 떠올려 보게 되는 의문들이다. 조선과 지금은 다른가 아니면 같은가, 같으면 어떤 부분이 같고 다르면 또 어떤 부분이 다를까. 덧붙인다면 영어는 언제 조선에 등장했으며, 우리 선조는 과연 언제, 어떻게, 그리고 무엇을 위해서 배우게 되었을까.

이 책에서는 이 같은 의문들에 대해서 같이 생각해 보고자 한다. 지난날을 돌이켜 보면서 현재 의미를 다시금 음미해 보려는 것이다. 외국어와 관련해서 우리는 어디서 어떻게 오고 있는지를 생각해 보려는 것이라 할 수도 있겠다. 그러면 어디서 어떻게 출발하는 것이 좋을까. 아무래도 효율적인 방편으로 관련 학계에서 이루어진 연구성과를 토대로 출발하는 것이 좋지 않을까 한다.

조선시대 외국어 교육과 학습에 대한 주요 연구로는 다음과 같은 책을 들 수 있지 않을까 한다. 강신항, 『이조시대의 역학정책과 역학자』(탑출판사 1978), 강신항, 『한국의 역학』(서울대학교 출판부 2000), 정광, 『조선시대의 외국어교육』(김영사 2014). (그 외에 외국어와 관련해 역학서譯學書, 책판冊版, 시권試券 등의 세부적인 전문 분야의 연구는 이 책의 〈참고문헌〉을 참조할 수 있다)

우선 강신항(1978·2000)에서는 '역학譯學'이라는 단어를 쓰고 있는 반면, 정광(2014)에서는 '외국어外國語'라는 단어를 쓰고 있다. 외국어와 역학은 서로 어떤 관계에 있을까. 우리에게는 역학보다는 외국어가 한층 더 가깝게 느껴진다. 그러면 언제부터 외국어라는 용어를 사용하게 되었을까. 이 책에서는 외국어와 역학에 대한 '개념'적 접근부터 시도할 것이다.

국어학 연구 선서選書의 한 권인 강신항(1978)에서는 조선시대 역학 정책, 그리고 역학자들에 대해서 다루고 있다. 발표한 세 편의 논문을 묶어 단행본으로 펴낸 것이다. 강신항(2000)은 서울대학교출판부 기획총서 한국의 탐구의 한 권이다. 제목에서 '한국의 역학'이라 했듯이, 조선시대만을 다루지는 않았다. 그 책의 2장(조선시대 이전의 역학)에서는 조선 이전의 역학과 통사通事를 다루고 있다. 그런 다음 조선시대의 역학에 대해서 살펴보고 있다. 전체적으로 "이 책에서는 이와 같은 역학의 변천사

항과 역학자들의 활약, 그리고 역학자들이 편찬한 역학서의 종류와 이들 역학에서의 자료적 가치를 밝히고, 아울러 이들 역학서를 통해서 연구할 수 있는 해당 언어에 대한 역사적 연구의 가능성과 국어사 연구에도 귀중한 자료가 되는 면을 살펴보았다"라고 했다.

저자들의 전공으로 보면 국어학 분야의 연구성과라 할 수 있다. 필자는 후학으로서 차별화를 시도해 두는 것이 좋겠다. 이 책에서는 조선시대의 외국어 공부와 시험에 대해서 필자가 공부해 온 한국사적인 관점에서 다가서고자 한다. 말하자면 역사적인 접근법을 취하려는 것이다. 국어학이나 국어사적인 측면에 대해서는 기존의 연구성과를 토대로 삼고자 한다.

한편 책 제목에서 '외국어교육'을 사용한 정광(2014)의 경우, 500여 쪽에 이르는 방대한 저작이다. 내용과 깊이를 다 갖추었다. 저자는 40여 년 동안 조선시대 역학과 역학서 분야를 연구해 왔을 뿐 아니라 새로운 자료의 발굴과 소개 작업을 진행해 왔다. 그 분야에 관심을 가지는 경우 저자의 많은 저서와 논문을 빠뜨릴 수가 없다. 필자 역시 예외가 아니다. 그 연구성과를 이 책의 출발점으로 삼고자 한다.

그에 의하면 조선 사역원의 외국어 교육이 얼마나 우수했는지를 살피면서 이 책의 결론을 대신 한다고 하면서, 사역원의 외국어 교육에 대해서 다음과 같은 몇 가지 특징으로 요약하고 있다. 언어의 조기교육, 집중적인 반복교육, 생생한 구어口語를 교육한 것, 언어의 변화에 민감하게 반응한 것, 외국어 교육이 전국적으로 시행되었다는 것, 사역원과 같은 조선시대 외국어 교육제도와 교육기관이 한 번도 중단되지 않고 700년간 계속되었다는 것을 환기하고 싶다고 했다. 이어 이렇게 결론짓고 있다. "세계 역사에서 이처럼 외국어 교육기관을 전문적으로 설치해 중단 없이 이어온 민족은 거의 찾아보기 어렵다. 또 이처럼 당시의 외국어 교육은 오늘날의 교육제도와 교육방법에 비추어도 전혀 손색이 없을 만큼 훌륭했다."

오랜 기간의 연찬 끝에 지적한 이런 측면들은 자랑스러워해야 할 유산이 분명하며, 필자 역시 동의하고 있다. 하지만 천려일실千慮一失이라 해야 할까, 아주 사소한 것이지만 수정되어야 할 부분도 없지는 않다. 단적으로 조선시대 사역원은 1393년(태조 2) 9월 설치되었다가 갑오경장(1894)과 더불어 그 책무를 다하고 역사 속으로 들어갔다. 햇수로 따지자면 501년 정도가 된다. 고려시대에 통문관通文館이 설치되었다가(1276, 충렬왕 2) 사역원으로 이름을 바꾸었는데, 아마도 그 시기까지 거슬러 올라가 포함했다고 여겨진다. 설령 관서 이름이 같을지라도 고려와 조선은 완전히 다른 왕조 체제이므로 응당 구분해야 할 것이다.

보다 근본적인 논점을 제시해 보자면, 이는 앞에서 언급한 연구성과 모두에 해당하는 것이지만, 시기적으로 검토의 하한선이 1894년 갑오경장 이전의 사역원 및 4학[한어, 몽어, 왜어, 여진어(청어)] 시스템에 머물러 있다는 점이다. 이미 아는 바와 같이 1876년(고종 13) 강화도조약의 체결과 더불어 조선은 조약체결을 근간으로 하는 '근대 세계시스템'(혹은 '만국공법萬國公法' 체제)에 편입되기 시작했다. 더 이상 종래의 '동아시아 세계질서'(혹은 '사대事大 질서' 체제) 속에 머물러 있을 수는 없었다. 1882년(고종 19) 미국, 1883년(고종 20) 영국과 독일, 1884년(고종 21) 러시아와 이탈리아, 1886년(고종 23) 프랑스, 1892년(고종 29) 오스트리아-헝가리제국과 수호조약을 체결했기 때문이다. 그 같은 새로운 국제관계 형성 과정에서, 사역원과 외국어 시스템은 제대로 작동하지 못했다.

단적인 예로 1883년(고종 20) 미국으로 간 보빙사報聘使 사절단에는 중국인과 일본인 통역이 한 사람씩 따라갔다. 지극히 상징적인 장면이다(5장 참조). 다시 말해서 조선어와 영어 사이에 직접적인 통역이 아니라 조선어에서 중국어나 일본어로 통역한 것을, 다시 영어로 통역해 주고, 거꾸로 영어를 중국어나 일본어로 통역하고, 그것을 다시 조선어로 통역해 주는 이른바 '이중통역二重通譯' 혹은 '중역重譯' 과정이 그사이에 끼었다. 기존의 한어(중국어)와 왜어(일본어)가 나름 역할을 하기는 했지만, 영어를 비롯한 서양 각국의 언어들과 직접 소통하는 것과는 하늘과 땅 차이라 하지 않을 수 없다.

그로 인해서 새로운 외국어에 눈뜰 수밖에 없었고, 더불어 새로운 교육 역시 모색되었다. 영어 교육을 위한 동문학同文學이나 육영공원育英公院이 대표적인 사례이다. 그러다 마침내 1895년(고종 32) 5월 10일 '외국어학교관제'(칙령 제88호)가 반포되었으며, 비로소 외국어 교육에 대한 법적인 근거가 마련된다. 그리고 6개 외국어를 가르치는 '관립외국어학교'가 등장하게 되었다. 6개 외국어는 영어, 한어, 일어, 법어法語(프랑스어), 덕어德語(독일어), 아어俄語(러시아어)이다(몽어와 청어는 중요 외국어에서 빠졌다).

흔히 개항기 내지 개화기로 불리는 시대의 새로운 외국어와 교육에 대해서는 한국근대사, 교육학, 각국의 외국어 교육 분야에서 상당한 연구가 이루어져 왔다. 이광숙의 『개화기의 외국어교육』(서울대학교 출판문화원 2014)은 그 대표적인 한 예라 할 수 있는데, 1883년부터 1911년까지 이루어진 외국어교육의 전반적인 실태를 조사, 검토하고 있다. 외국어별로 이루어진 연구 성과의 내역은 다루지 않기로 한다(이 책의 〈참고문헌〉 참조).

그 같은 변화 과정에 대해서 필자는 '사역원의 4학 체제'에서

'관립외국어학교의 6개 외국어체제'로 이행한 것으로 파악했으며, 그들 사이에 사역원과 신식 외국어교육기관이 병존하는 과도기 내지 공존기(1883-1894)를 설정해 볼 수 있지 않을까 한다. 조선시대의 외국어 교육과 학습에 대해서 총체적으로 관심을 갖는다면, 사역원 체제뿐 아니라 관립외국어학교와 새로운 외국어들 역시 중요한 한 부분으로 같이 다루어야 할 것이다. 필자가 이 책에서 지향하는 바는 바로 그 같은 거시적인 흐름과 변화에 주목하는 것이다.

이하에서는 먼저 분석적 이해를 돕기 위해서 외국어와 역학에 대해서 개념적으로 접근할 것이다(1장). 그런 다음 조선 5백여 년 동안 지속된 사역원과 4학 체제에 대해서 살펴볼 것이다(2, 3, 4장). 이어 19세기 중엽 이후 국제관계의 변모와 새로운 외국어의 등장, 그리고 관립외국어학교의 6개 외국어 체제에 대해서 살펴볼 것이다(5장). 따라서 이 책에서 설정한 조선시대는 1392년 조선 개국에서 시작해서 1910년 한일합병에 이르는 긴 시기를 가리킨다고 할 수 있다. 그리고 맺음말에서는 조선에서의 외국어의 거시적인 흐름과 변화의 특성을 요약, 정리할 것이며, 그에 앞서 '외국어와 통사'와 관련해서 다소 흥미로운 이야기들을 모아 놓은 장도 마련해 보았다(6장). 큰 흐름에서 빠지기 쉬운 개별 사항 혹은 역관 인물에 관한 이야기 편이라 할 수 있는데, 이런 시도는 말하자면 『사기』의 '열전' 부분이나 『통문관지』의 '인물편'을 모델로 삼은 것이라 하겠다.

1

외국어와 역학譯學

이 장에서는 먼저 외국어라는 개념과 용어에 대한 정리부터 하고자 한다. 개념적, 분석적으로 접근하려는 것이다. 외국어라는 단어는 1894년부터 쓰이기 시작했으며, 그 이전에는 역학으로 불렸고 19세기 이후 국제관계의 변동과 더불어 주요 외국어의 종류 역시 바뀌게 된다는 것에 대해 논의하고자 한다. 아울러 거시적으로 보면 사역원과 4학[한학, 몽학, 왜학, 여진학(청학)] 체제에서 관립외국어학교와 6개 외국어(영어, 일어, 한어, 불어, 덕어, 아어) 체제로 바뀌어 가게 되는 과정을 파악할 수 있을 것이다.

외국어와 국어: 개념과 용어

사전적인 정의에 따르면 외국어는 "다른 나라의 말"을 가리킨다(그 외에도 외국어는 "외국에서 들어온 말로 아직 국어로 정착되지 않은 단어"를 가리키기도 한다. 예컨대 무비, 밀크 등이 그렇다). 하지만 끝의 '어語'는 단순히 '말'만을 가리키지 않는다. '말'과 '글'을 포괄하는 것이다. '외국어'에서 핵심적인 글자는 역시 '나라' '국國'이다. 다른 나라 자체가 이미 나라의 존재, 그리고 '안內'과 '바깥外'의 구분을 전제한다. 외국인 — 내국인, 외국어 — 국어처럼 짝을 이룬다. 하지만 '내국어'라 하지는 않는다. 외국어와 비슷한 말로는 '타국어他國語'가 있다.

그런데 근대 이전에는 '나라'가 어떤 형태의 어느 정도의 규모여야 가능한지 정해진 원칙은 없는 듯하다. 나라를 형성하기 이전에도 안과 밖의 구분은 있었을 것이며, 그런 경우에는 '외어外語'라 부를 수 있을 것이다. 외국어라는 말 자체에 나라, 곧 국가가 전제되어 있으며, 그들 나라의 관계, 즉 국제관계는 곧 국제정치가 이루어지는 '권역圈域'이라 할 수 있다. 그러므로 국제정치 권역 여하에 따라서 국가 간의 관계가 전제되고 있으며, 자기 나라(自國) 바깥外의 국가가 외국이 되며, 그 외국에서 쓰는 말이 곧 외국어이다.

그러면 외국어에 대응되는 "자기 나라의 말"은 무어라 하는가. 먼저 떠오르는 말은 역시 '국어國語'다. 다음으로는 '모국어母國語'를 떠올릴 수 있다. 하지만 용례 상 모국어는 외국에 나가 있는 사람이 자기 고국의 말을 이를 때 쓴다. 또한 여러 민족으로 형성된 다민족 국가에서, 그 공용 국어 혹은 외국어에 대응해서 자기 민족의 언어를 지칭할 때 사용하기도 한다. '본국어本國語' 역시 거의 비슷하다. 조금 다른 뉘앙스를 가진 '모어母語'라는 말도 있다. "자라나면서 배운, 바탕이 되는 말"이다. 모어는 "자기 나라의 말, 주로 외국에 나가 있는 사람이 고국의 말을 이를 때"도 사용한다. 또한 "언어 발달 과정에서, 그 모체가 되는 언어"를 말하기도 한다. 예를 들어 프랑스어, 이탈리아어의 모어는 라틴어라는 식이다.

이렇게 본다면 외국어라는 단어 자체는 이미 그 당시의 국제정치 권역에 속하는 복수의 국가를 전제하고 있다. 국제정치의 특성상, 그 권역 바깥에 존재하는 국가는 외국도 아닌 셈이었다. 예컨대 조선시대 표류한 얀 얀스 벨테브레Jan Janse de Weltevree의 고국 네덜란드는 세계 바깥의 끝이었다. 네덜란드어는 외국어가 아니었으며, 그 역시 외국인이 아니라 그저 '외인外人', 즉 바깥에서 온 사람일 뿐이었다. 조선왕조실록에서는 그들의 나라에 대해서 정보가 없었던 만큼 '남만국南蠻國'으로 적고 있다. 머나먼 남쪽 오랑캐 나라! 하지만 나중에 그는 귀화해서 조선인 박연朴淵이 되었다(이남희 2014).

그러기 때문에 국제정치 권역의 변화는 당연히 그리고 즉각적으로 국가 간의 관계, 국제관계에 변화를 가져다주지 않을 수 없다. 동아시아에서는 오래전부터 하나의 독립된 국제정치 권역이 존재해 왔다. 흔히 말하는 동아시아 국제질서라 하겠다. 지구 위에 존재하는 여러 개의 세계 중의 하나였다. 그것은 '유교 문화권' 내지 '한자 문화권'으로 불리는 것과 거의 일치한다. 이미 아는 것처럼 서세동점西勢東漸 시대와 더불어, 오랫동안 독립된 하나의 세계를 형성했던 서구 유럽 세계가 산업혁명과 자본주의에 힘입어 급격하게 팽창하기 시작했다. 그리고 마침내 지구 전체를 포괄하는 '근대 세계시스템the Modern World System'을 구가하게 되었다. 일종의 '문명충돌the Clash of Civilizations'이 시작되었고, 총과 대포로 무장한 서구 열강들이 자신들의 질서를 강요하면서, 힘의 우위를 바탕으로 국제정치 질서의 '표준'을 선점하게 된다. 그들이 주도하는 국제사회의 일원이 되기 위해서는 그들이 제시하는 규범과 의례를 따라야 하는 것이다(김석근 2002).

그 같은 급격한 변화 속에서 조선 역시 모든 측면에서 급격한 변화를 겪지 않을 수 없었다. 그것은 외국어에서도 그러했다. 종래의 동아시아 국제정치 권역 안에서의 외국어와는 전혀 다른, 새로운 국가들(외국)과 그들의 말(외국어)을 접하게 된 것이다. 근대 세계시스템 내에서 이른바 열강列强으로 다가오는 그들 국가와 그들의 언어를 '외국'과 '외국어'로 인정하지 않을 수 없게 된 것이다. 외국어는 고정되어 있지도 않으며, 고정되어 있을 수도 없다. 역시 그 국가와의 관계가 긴밀해지면 그 외국어 역시 중요해질 수밖에 없었다. 조선시대의 외국어와 그 변화를 적확하게 파악하기 위해서 기억해야 할 중요한 측면이라 하겠다. 미리 말하자면 조선시대 외국어는 19세기 중후반을 기점으로 급격한 변화를 겪게 된다.

외국어와 역학

여기서 '외국어'와 관련해서 흥미로운 물음 하나를 던져 보고자 한다. 앞에서 보았듯이 '外國語'는 한자로 되어있으므로, 한자문화권에서는 언제든지 조합해서 만들어 낼 수 있는 단어처럼 여겨진다. 과연 우리는 언제부터 외국어라는 단어를 썼을까 하는 물음이다. 이 물음을 풀기 위해서 필자는 조선왕조실록과 승정원일기 등을 검색해 보았다. 그랬더니 '外國語'라는 단어가 처음 나오는 것은 『고종실록』 권31, 1894년(고종 31) 6월

28일(계유), 정부 이하 각 아문의 관제를 개정한 기사이다. 학무
아문學務衙門 부분에서 다음과 같은 내용이 보인다.[강조는 인용자.
이하 같음.]

一. 專門學務局 掌中學校 大學校 技藝學校 外國語學校
   及專門學校.
   전문 학무국에서는 중학교, 대학교, 기예학교, 외국
   어학교와 전문학교를 맡아본다.

一. 編輯局, 掌國文綴字各國文繙繹及敎課書編輯等事.
   편집국에서는 국문 철자, 각국의 국문과 교과서 편
   집 등의 일을 맡아본다.

한편 학부아문 조금 앞에 나오는 외무아문外務衙門 부분에서
도 다음과 같은 구절이 보인다.

一. 交涉局, 掌外交事務, 兼審査萬國公法私法.
   교섭국에서는 외교 사무를 맡아보며 만국공법과 사
   법을 겸하여 심사한다.

一. 繙繹局, 掌繙繹外國公文公牘.
   번역국에서는 외국의 공문과 공적인 편지를 번역하

는 일을 맡아본다.

-『고종실록』 권31, 고종 31년 6월 28일(계유)

이미 외교, 외국, 외국어, 외국어학교 등의 용어가 분명하게 쓰이고 있다. 종래의 동아시아 국제질서와는 완전히 다른 '만국공법萬國公法'이란 용어도 나타난다. 또한 외국에 대응하는 형태로서의 '국문' 역시 등장한다. 그 이듬해(1895년, 고종 32)에 반포된 재판소구성법에서는 그런 대비가 한층 더 확연한 형태로 사용되고 있다.

第五十一條, 裁判所에는 朝鮮語를 用홈. 但訴訟關係人中朝鮮語에 通치 못한 者가 有한 時는 通辯을 用홈을 得홈.

제51조 재판소에서는 조선어朝鮮語를 사용한다. 다만 소송 관계자 중에 조선어에 통하지 않는 자가 있을 때에는 통역을 쓸 수 있다.

第五十二條, 外國人이 訴訟關係人이 되는 時에 當ᄒ야 判事가 其國語에 通ᄒ거든 其外國語로써 口述審訊홈을 得홈. 但訴訟記錄은 朝鮮語로써 作홈이 可홈.

제52조 외국인이 소송 관계자로 되는 경우 판사가 그

나라 말을 알면 그 나라 말로 구두 심리를 할 수 있다.
다만 소송 기록은 조선어로 한다.

-『고종실록』권33, 고종 32년 3월 25일(병신)

여기서는 외국인, 외국어와 국어, 그리고 조선어, 통변通辯(통역) 등의 개념과 용어가 오늘날 쓰이고 있는 형태로 거의 그대로 나오고 있다. 이렇게 본다면, '외국어'라는 개념·용어는 19세기 후반, 이른바 개화기 때부터 비로소 사용되기 시작했다고 볼 수 있겠다. 이미 근대적인 용법이 포함되어 있기 때문이다.

그렇다면 그 이전 시대에는 오늘날의 외국어 개념·용어를 가리키는데 과연 어떤 용어를 사용했을까. 19세기 개화기 이전에 실시했던 외국어 학습과 그에 대한 연구는 '역학譯學'으로 불리웠다. 더러 역학이 외국어 교육기관을 가리킬 때도 있었다. '역어譯語'라는 단어를 쓰기도 했지만, 역어는 '통역을 맡은 관직'이나 '다른 언어로 번역하는 것'을 지칭하기도 했다. 관직 이름이나 시험방식의 하나이기도 했다.

예컨대 일본 대마도에서의 신라역어新羅譯語, 시험방식으로서의 역어譯語 같은 것이다. 개별적인 언어에 대해서는 한학漢學과 한어漢語, 몽학蒙學과 몽어蒙語, 왜학倭學과 왜어倭語, 여진학女眞學과 여진어女眞語(나중에는 청학 淸學과 청어淸語)로 불렀으며, 그런

일에 종사하는 사람들은 역학자譯學者, 역학인譯學人 등으로 불렀다. 그와 관련된 서적들은 역학서譯學書라 했다. 실제로 통역이나 번역을 맡은 사람들에 대해서는 상황에 따라서 다양하게 불렀다. 역관譯官, 역어지인譯語之人, 역어인譯語人, 역자譯者, 역인譯人, 통사通事, 역설譯舌, 설인舌人, 설자舌者, 상서象胥 등. 혀 '설' 자를 사용한 것은 통역은 입(혀)으로 이루어지기 때문이다. 상서에서 '상象'은 '본뜰 상' 자이다. 통역은 말을 본뜨듯이 그대로 옮겨야 한다는 것이다.

외국어의 종류와 변화

다른 나라의 말 외국어는 그 시대 국제정치 권역, 다시 말해서 국가 간의 관계와 관련되어 있다. 따라서 언제나 그러한 고정된 절대적인 외국어 같은 것은 존재하지 않는다. 국제관계의 변화는 자연히 외국어의 변화를 수반하게 된다. 같은 외국어라 할지라도 서로 비중이 다른 경우가 많다. 외국어들 사이에 우선순위가 있으며, 어떤 외국어는 상황에 따라 급격한 부침을 겪기도 한다. 그 나라와의 관계가 긴밀해지거나 아니면 전쟁을 치르거나 하면, 그 외국어의 비중은 커지지 않을 수 없다.

오랫동안 조선은 하나의 독립된 국제정치 권역 속에서 하나의 구성원으로 존재해 왔다. '유교문화권' 내지 '한자문화권' 혹은 동아시아 국제질서라 하겠다. 그 자체 국가들 사이의 일정한 규범과 의례를 포함하고 있다. 이른바 '사대질서' 혹은 '조공체제'라 할 수 있다. 그 속에서 조선은 사대교린事大交隣이라는 외교정책의 근간을 설정해 두고 있었다. 역시 강조점은 '교린' 보다는 '사대' 쪽에 있었다. 외국어 역시 한어가 제일 중시되었다. 이는 한자가 그 지역 문화권의 공통된 문화 기반(문어文語)이라는 점과 무관하지 않았다.

조선에서 외국어의 종류 역시 그런 틀 속에서 상정되는 것이었다. 한어(한학)와 몽어(몽학)가 먼저 설치되고, 이어 왜학이 설치되었다(1415). 『세종실록』 세종 10년 11월 27일(계축) 기사에 따르면, 왜학생도에게는 유구어琉球語도 학습하도록 했다. 그리고 『경국대전』에 이르러 여진어(여진학)도 포함되었다. 그렇게 해서 '사역원과 4학(한학, 몽학, 왜학, 여진학) 체제'가 성립하게 되었다. 그 설치 순서가 곧 외국어로서의 비중을 반영하는 것이다. 몽어가 한어 다음을 차지한 데에는 몇 가지 요인이 작용했다. 우선 중국 대륙에서 원나라와 명나라의 교체(원명교체)가 이루어지고 있었다는 것, 고려 후기, 특히 무신의 난 이후 고려가 원나라의 직접적인 영향권 하에 있었다는 것, 고려의 사역원 체제가 조선으로 이어졌다는 것 등을 들 수 있다.

덧붙여 두자면 고려의 경우 송宋, 요遼(거란), 금金(여진), 원元 (몽골), 명明과 관계를 맺었던 만큼, 다양한 외국어(한어, 거란어, 여진어, 몽어 등)로 소통하지 않으면 안되었다. 조선에서는 찾아볼 수 없는 '거란어'에 대한 기록도 보인다는 점이다. 『고려사』 성종 14년 9월 기사에 따르면, "이 해에 이지백을 거란에 보내어 토산품을 선물로 주고 어린이 10명을 보내어 거란에서 거란 말을 배우게 하였다"라고 적혀 있다. 이 역시 당시의 국제관계 속에서 이해할 수 있다.

하지만 『경국대전』에서 정비된 '사역원과 4학(한학, 몽학, 왜학, 여진학) 체제'가 계속 그대로 유지되었던 것은 아니다. 국제관계의 변화, 특히 전쟁과 왕조교체와 같은 정치변동이 4학 체제 안에서 변화를 부르게 되었다. 두 차례의 '왜란倭亂', 그리고 두 차례에 걸친 '호란胡亂' 그리고 명나라와 청나라의 정권교체(명청교체)가 변화의 주요인이었다. 여진학은 만주어를 학습하는 '청학淸學'으로 바뀌었으며, 그 위상도 몽학과 자리를 바꾸게 된다. 아울러 왜란 이후 양국의 관계가 긴밀해짐에 따라서 왜학의 위상 역시 중요하게 되었다.

한편 산업혁명과 자본주의에서 원동력을 얻은 서구 유럽세계는 급격하게 팽창하기 시작했고, 이른바 '서세동점' 시대를 구가하게 되었다. 지구 전체를 포괄하는 '근대 세계시스템'이 형성되기에 이르렀다. 그 과정에서 '문명충돌' 현상도 나타났으며, 종래의 동아시아 국제질서는 근대 세계시스템 속에 강제적으로 편입되는 과정에 들어서게 되었다. 갑작스레 국제질서 권역이 변화했으며, 종래의 사역원과 4학 체제만으로는 국제관계를 다 처리할 수는 없었다. 그때까지 알지 못했던 새로운 국가들, 그리고 전혀 낯선 '외국어'들을 접하게 되었기 때문이다.

잠정적으로 종래의 한어와 왜어를 통한 '이중통역' 혹은 '중역'으로 대응했지만, 역시나 미봉책일 수밖에 없었다. 조미조약 朝美條約 체결(1882) 이후, 서양 열강들과의 수호조약이 연이어 체결되었다. 보빙사 사절단 파견이 기점이 되어 영어 교육을 위한 학교(동문학, 육영공원)가 설립되었다. 종래의 사역원 체제와 새로운 학교가 공존하는 시기를 거쳐서, 마침내 '관립외국어학교의 6개 외국어(영어, 일어, 한어, 불어, 덕어, 아어) 체제'(1895)가 성립하게 되었다. 청학(청어)과 몽학(몽어)은 완전히 제외되었다. 그들 6개 외국어 체제는 오늘날과 거의 다를 바 없다.

하지만 뒤에서 보듯이 관립외국어학교의 6개 외국어 체제도 고정된 것은 아니었다. 성쇠와 부침이 있었다(5장). 한반도에 대한 지배권을 둘러싸고서 러시아와 일본이 맞붙은 러일전쟁과 그 결과는, 한때 전성기를 누렸던 '아어'(러시아어)의 위상을

여지없이 무너뜨렸다. 아어학교는 폐교되었고(1904), 아어 교육
은 중지되었다. '6개 외국어 체제'는 자연스럽게 '5개 외국어 체
제'로 바뀌게 되었다.

2
___

가르치는 곳과
배우는 사람들

2장에서 4장까지는, 조선 건국 이후 갑오경장 이전까지 유
지되었던, 이른바 '사역원과 4학체제'에 대해 살펴볼 것이다. 갑
오경장과 더불어 사역원과 4학 체제는 그 시효를 다하게 된다.
그 이전부터 시작된 과도기 내지 이행기를 거쳐서 관립외국어
학교와 6개 외국어 체제로 이행해 가게 된다.

2장에서는 조선시대에 외국어를 가르치는 곳과 외국어를
배우려는 사람들에 대해 초점을 맞추어 살펴볼 것이다. 조선 이
전의 외국어교육에 대해서 간략하게 정리한 다음, 조선시대 외
국어 교육의 중추 역할을 한 사역원을 중심으로 논의하고자 한
다. 이어 그 시대에 외국어를 배우려고 했던 사람들, 다른 식으
로 말하자면 '역학생도'에 대해서 검토할 것이다. 이는 어디서,

어떻게, 그리고 언어별로 어느 정도 인원이 외국어를 공부하고 있었을까 하는 의문을 풀어 나가는 과정이기도 하다.

조선 이전의 외국어 교육

외국어의 기능과 효율성에 대해서는 여기서 새삼 말하지 않아도 될 것이다. 다른 나라의 말을 안다는 것은 지식과 정보를 쉽게 얻을 수 있을 뿐만 아니라 그 나라 사람과 뜻을 통할 수 있다는 말이다. 아마도 오래전에는 지리적으로 가까운 곳에서 다른 나라 사람들과 자연스러운 접촉을 통해서 그 나라의 말을 배웠을 것이다. 그 나라로 가서 배웠을 수도 있다. 교류가 더 많아짐에 따라서 외국어를 아는 사람은 당연히 그들과의 소통 역할을 맡게 되었다. 능통한 외국어 실력은 나라에서도 필요한 '기능'이었기 때문에, '관직'으로 채용했다. 그러나 교류가 활발해지고 수요가 많아짐에 따라서 외국어에 능통한 더 많은 인원이 필요하게 되면, 일정한 시점에서 외국어를 가르칠 필요를 느끼지 않을 수 없다. 외국어를 '교육하는 기관'을 설치하게 되는 것이다. 역시 그 기능이 앞서고 이어 관직과 교육기관이 뒤따른다.

이미 삼국시대에 외국어와 관련된 기록이 보인다. 실제 외국어 사용은 그보다 더 거슬러 올라갈 것이다. 591년(신라 진평왕 13) 중국 사신의 접대를 위해 영객부領客府를 설치했고, 621년(진평왕 43) 일본인을 접대하는 왜전倭典을 영객전領客典으로 바꾸었다. 진덕여왕 때 영객전이 영객부에 통합되어, 영객부가 외교사절 업무를 총괄하게 되었다. 영객부는 경덕왕 때 사빈부司賓府로 바꾸었으며, 혜공왕 때에 다시 영객부라 했다. 신라에서는 한문과 외교문서를 전문적으로 다루는 관직을 두었는데 상문사詳文師가 그것이다. 성덕왕 때(714) 통문박사通文博士로 고쳤다가 경덕왕 때 다시 한림翰林으로 바꾸었다. 나중에는 학사學士직을 두었다.(『삼국사기』 신라본기, 직관지 등 참조)

담당과 관직을 넘어서 외국어를 가르치는 '교육'과 관련된 기록으로는 『삼국사기』에 다음과 같은 기록이 보인다.

> 천우天祐 원년(904) 갑자년 국호를 마진摩震 연호를 무태武泰라 했다. 처음으로 광평성廣評省을 설치하고 인원을 배치했다. … 또 사대史臺 여러 언어를 번역, 학습하는 것을 관장하게 했다(掌習諸譯語), … 등 벼슬의 품계를 설치했다.
> ─ 『삼국사기』 권50 열전 제10 궁예조/ 권40 잡지雜志 제9 외관

모든 언어의 학습을 관장하는 관직으로 사대史臺를 설치했다는 내용이다. 외국어 교육 기관에 대한 기록으로는 아마 최초로 여겨진다.

외국어 교육이 본격적으로 이루어지기 시작한 것은 역시 고려에 들어서였다. 1276년 통문관 설치는 이정표가 될 만한 일이었다. 『고려사』 「백관1」에 따르면, "통문관通文館. 충렬왕 2년 (1276)에 처음으로 이를 설치하였는데, 금내학관禁內學官 등 참외參外로서 나이 40이 되지 않은 자들로 하여금 한어漢語를 익히도록 하였다(금내학관은 비서秘書·사관史館·한림翰林·보문각寶文閣·어서御書·동문원同文院이다. 아울러 식목式目·도병마都兵馬·영송迎送과 함께 금내 9관이라고 한다)"라고 적혀 있다.

그런데 통문관은 참문학사參文學事 김구金坵(1211-1278)의 건의에 힘입어 설치한 것이다. 그렇게 한 이유는 당시 역관들이 미천한 출신들이 많아 말을 전할 때에 사실대로 하지 않는 경우가 많으며, 간사한 마음을 먹고 자신의 이익을 도모했기 때문이다. 즉, 통문관 설치 이전에 이미 역관들이 존재했으나, 그들이 미덥지 못했기 때문에 마침내 국가 기관으로서의 통문관을 설치했다. 그 통문관이 나중에 사역원司譯院으로 이름을 바꾸게 된다. 뒤에서 보듯이 사역원이란 이름은 조선시대로 이어진다.

고려에서는 한문 또는 한어 학습을 위한 기관도 설치되었

다. **한문도감**漢文都監(한어도감漢語都監)이 그것이다. 『고려사』「백관
2」에 따르면, "한어도감을 공양왕 3년(1391)에 한문도감으로 바
꾸었다. 한문을 위해 설치된 것으로 교수와 관원을 두었다." 그
리고 '역어도감譯語都監'이라는 관직도 두었다. 『고려사』「열전
폐행嬖幸 강윤소」에는 이런 기사가 보인다. "정자전鄭子琠도 또한
역자譯者인데, 본래 영광군靈光郡 압해押海 사람이다. 처음에 승려
가 되었다가 환속하여 **역어도감녹사**譯語都監錄事에 임명되어 몽
골 말을 배웠다. 여러 번 원에 들어갔으며, 그 노고로 승진하여
지첨의부사知僉議府事에 이르렀다."

그와 관련해서 **이학도감**吏學都監도 설치되었다(1331)(『고려사』
권77, 지 권31, 백관2 참조). 이학吏學 혹은 이문吏文이라는 것은 중국
과 공식적인 외교문서를 받을 때 특수한 형식을 갖추어 써야 하
는 공문서를 말한다. 말하자면 격식을 갖추어 쓰는 문장으로,
특히 사대해야 하는 중국에 대해서는 반드시 필요한 부분이었
다. 어떻게 보면 일상적인 '말'과는 구분되는 예의와 격식을 갖
춘 '글'이라 하겠다.

승문원과 사역원 그리고 외국어

조선은 개국(1392) 초부터 외교와 국제관계를 매우 중요시했다. 건국 과정 자체가 국제정세와 밀접하게 연결되어 있었다. 조선시대 대외 정책의 근간은 사대교린, 중국(명나라)에 대해서는 사대, 주변의 다른 국가에 대해서는 교린을 근간으로 삼았다. 그런데 외국과의 관계에서는 일차적으로 의사소통이 중요하다. 외국어를 이해하고 구사할 수 있는 능력이 필요한 것이다. 그것은 예나 지금이나 다를 바 없다. 누가 어떤 외국어를 배울 것인가, 그리고 누가 어디서 어떻게 가르칠까 하는 문제가 떠오르게 된다.

구체적으로 조선시대 외국어 교육에 들어가기에 앞서 전반적으로 그와 관련된 몇 가지 측면을 지적해 두고자 한다. 우선 외국어의 중요성에 대해서는 그 누구도 부인하지 않았다. 역대 왕들은 문신들에게 외국어 공부를 하라고 권장하기도 했지만, 양반사대부의 경우 외국어에 대한 학습 의지가 그다지 높지 않았다. 그들이 외국어나 통사, 역관들에 대해서 가지고 있는 편견도 없지 않았다. 역관들의 집안이 비천하다거나 경학經學에 대한 실력이 부족하다는 점 등을 들 수 있겠다. 또한 그들은, 서로 말은 통하지 않더라도 한문 필담을 통해서 의사소통할 수 있다는 자신감도 나름 있었던 듯하다.

둘째, 외국어 '다른 나라의 말'이라는 속성상, 그 교육은 공식적으로는 국가에 의해서 관리되지 않을 수 없었다는 점이다. 지리적인 근접성이나 개인적인 사연 등으로 사적으로 외국어를 접할 수는 있었지만, 외국어는 어디까지나 국가의 안보와 관련되는 사안이었기 때문이다. 따라서 외국어는 국가에서 관장하는 공교육으로서의 성격이 강할 수밖에 없었다.

셋째, 그로 인해서 조선시대에는 오늘날처럼 누구나 외국어를 배워야 한다고 생각하지는 않았다. 양반들은 꺼렸으며, 그렇다고 해서 아무에게나 가르칠 수는 없었기 때문에 ― 서울과 지방에서 양가良家 자제 15세 이하로서 총명한 자를 뽑아 올려 외국어를 교육하도록 했다 ― , 점차로 외국어를 전문으로 하는 역관 계층이 형성되었다. 그들은 신분으로는 중인층에 속하고 있었으며, 또한 그런 전문적인 직능은 혼인과 세습을 통해서 이어져가게 되었다.

승문원承文院

그러면 조선시대의 외국어는 어디서 가르쳤을까. 외국어 교육 기관의 문제라 하겠다. 누가 어디서 어떻게 외국어 공부를

했는가, 하는 것과 연결되고 있다. 조선은 개국 직후인 1393년(태조 2) 9월 사역원을 설치했다. 그에 앞서 1392년(태조 1) 8월 과거법을 정할 때 문과文科, 이과吏科 등과 같이 역과譯科를 설치했다. 외국어와 통역의 필요성을 일찍이 인지하고 있었다.

특히 세종의 외국어에 대한 관심은 지대했다. 역학을 장려하고 생도들 가운데 총민한 자로 하여금 학습을 권장했다. 그는 문인들 중에서 선발해 유학생을 보내자는 계획도 세웠으며(1443), 사역원에서 교육을 받은 후 중국행 사신들의 종사관從事官으로 보내기로 했다. 그러한 유학은 실현되지 못했지만, 한학강이관漢學講肄官 제도는 실현되었다. 그리고 세종대에 이르러 한학, 몽학, 왜학, 여진학의 사학四學 체제가 갖추어지게 되었다. 이는 『경국대전』예전 제과조에서 법제화되었다.

흔히들 조선시대 외국어 교육이 사역원에서만 이루어진 것처럼 생각하지만, 한 가지 감안해야 할 점이 있다. 고려시대에 중국과 주고받는 외교문서 등에 사용되던 독특한 한문 문체 이문吏文이나 이학吏學을 관장하던 이학도감吏學都監이 있었는데, 조선에서 그에 해당하는 관서가 바로 승문원承文院이다. 따라서 사역원에 앞서 승문원에 대해 살펴보기로 하자.

승문원 역시 사역원과 긴밀한 관계에 있었다. 괴원槐院이라 불리기도 했던 승문원은 조선의 외교정책 근간을 이루는 '사대교린'에서 보다 중요한 '사대' 문서에 쓰이는 이문을 맡고 있었다. 교린 문서도 맡았지만, 비중은 역시 사대에 있다. 사대문서는 중국(明)에 보내는 주본奏本, 자문咨文, 표전表箋, 방물장方物狀 등을 가리킨다. 일본倭, 유구琉球, 여진女眞 등과의 관계가 교린에 해당하며, 교린 문서는 왜서계倭書契, 야인서계野人書契로 불렸다.

이문은 중국과 외교문서를 주고받을 때 특수한 형식을 갖춘 관용 공문을 말한다. 격식을 갖추어 쓰는 독특한 형식의 문장으로, 예의와 격식을 갖춘 고급스러운 '글'이라 하겠다. 사대가 중요한 만큼, 따라서 이문도 중요했다. 그래서 사대 외교문서(글)를 담당하는 승문원, 그리고 통역(말)과 역관 양성을 업무를 담당한 사역원으로 구분된다. 하지만 반드시 말과 글이라는 역할 분담만으로 보기 어려운 측면도 없지 않다. "'吏文漢語', '漢訓' 등은 임진왜란 전까지의 실록 기사에 계속 나오는데, 이와 같은 사실로 본다면 '吏文', '漢吏之文' 등으로 불리던 중국과의 외교 용어도 결국은 **한어의 일종이므로 승문원에서도 한어 교육이 행해졌던 것**"(강신항 2000)이기 때문이다. 중국에 대한 사대문서와 일정한 '한어' 교육을 맡았다고 할 수 있다.

승문원에서는 사역원을 상원象院이라 하기도 했으며, 또 고려시대처럼 얕잡아 보아 '설원舌院'으로 부르기도 했다. 역시 사대와 관련해서 격식 있는 문장을 쓴다는 자부심도 없지 않았던 듯하다.

건국 이후 사대외교의 필요에 의해서 설치된 승문원은 태종 대에는 응봉사應奉司, 문서응봉사文書應奉司라 했다가 1411년(태종 11) 승문원으로 이름을 바꾸게 된다. 『경국대전』에서는 승문원을 정3품 아문의 하나로 들고 있다. 그리고 이렇게 규정하고 있다. "사대문서와 교린문서를 맡는다. 모두 문관을 쓴다"(掌事大交隣文書, 竝用文官) 모두 '문관'을 쓴다고 했듯이, 구성원은 문신들이었다.

승문원은 설치 이후 약간의 직제의 변화가 있었지만, 『경국대전』에 이르러 정비되었다. 도제조都提調(정1품: 議政이 겸임) 3인, 제조提調(2품 이상)·부제조副提調(정3품당상관)는 정원이 없으며, 판교判校(정3품) 1인, 참교參校(종3품: 교훈 담당) 1인, 교감校勘(종4품: 교훈 담당) 1인, 교리校理(종5품) 2인, 교검校檢(정6품) 2인, 박사博士(정7품) 2인, 저작著作(정8품) 2인, 정자正字(정9품) 2인, 부정자副正字(종9품) 2인이 있고, 그 밖에 이문습독관吏文習讀官 20인이 있었다(『경국대전』 권1, 이전 경관직 참조).

대체로 문신들은 통사, 역관들에 대해서 얕잡아 보았으며, 문신들은 외교사절에 한훈학관으로 따라가 질정質正하는 것을 그다지 반기지 않았다. 성종 대에 승문원에서 올린 글이 참조된다.

외교문서 등에 사용되던 독특한 한문의 문체인 이문吏文과 한훈漢訓은 일조일석에 이루어지는 것이 아닌데, 통사로서 경서經書에 통달한 자가 대개 적으니, 세조께서 이것을 염려하여 문신文臣을 특별히 선발하여 이름을 한훈학관漢訓學官이라 하고, 북경에 가는 사신을 따라가서 질정하게 하였습니다. 그러나 문신은 사로仕路가 있어서 이것을 영선榮選으로 생각하지 않고, 또 길이 먼 것을 꺼려하여 모두 직무에 힘쓰려고 하지 아니합니다. 원컨대 다시 문신을 선발하여 압해관이나 부경 사신을 보내고 맞이할 때 매번 2명을 요동 지역에 따라가게 하여 익히게 하면 편할 것입니다.

- 『성종실록』 권38, 성종 5년 1월 19일(을사)

사역원司譯院

앞에서 말한 것처럼 개국 초부터 조선은 외교 관계를 매우 중요시했다. 대외 정책의 근간은 사대교린, 중국에 대해서는 사대, 다른 국가에 대해서는 교린을 근간으로 삼았다. 그런데 외국과의 관계에서는 일차적으로 의사소통이 중요하다. 그것은 예나 지금이나 다를 바 없다. 1404년(태종 4) 사헌부에서 올린 상소문을 보자.

> 작은 나라로서 큰 나라를 섬기는 것은 고금의 공통된
> 의리입니다. 하물며, 우리 조정은 바닷가 벽지에 치우
> 쳐 있어서 어음語音이 아주 다르므로, 역관을 통해서 의
> 사소통이 이루어집니다. 그러므로 사역司譯의 직임은
> 진실로 중요합니다.
>
> ─『태종실록』권8, 태종 4년 8월 20일(기축)

 일차적으로 외국어 교육을 담당한 기관은 사역원이다. 앞에
서 본대로 1276년(충렬왕 2) 한어 교육을 위해 설치했던 통문관
을 그 후에 사역원으로 바꾸었다. 1393년(태조 2) 고려의 제도를
따라 사역원을 설치했다. 여러 나라의 말을 통역하는 일을 맡
아 사대교린 업무를 관장하도록 한 것이다. 국가 간의 외교 관
계가 중요했기 때문에 사역원에서는 한어·몽어·왜어·여진어
교육을 시행하게 된다. 사역원은 역학 행정 및 역학교육의 중추
기관으로 경관직 정3품아문이다. 사역원은 지금의 서울 세종문
화회관 뒤편 종로구 적선동과 도렴동都染洞에 걸쳐 있었다. 동서
가 23칸間, 남북이 24칸(총 552칸)으로 대청大廳·상사당상청常仕堂
上廳·한학전함청漢學前衛廳 등 30여 개의 청이 있는 방대한 것이

그림1 사역원 터 표지석,
사진 이남희

었다.

사역원은 통역과 번역을 담당해 부경사행赴京使行이나 통신
사행通信使行을 수행하고 표류漂流, 도래인渡來人 등 외국인의 통
역을 맡았다. 아울러 역관들을 이한 과거[역과]와 취재 시험 등
을 관장했다. 1393년(태조 2) 사역원을 설치하고 이듬해(1394) 교
육과정을 정비했다. 서울과 지방에서 양인 집안 자제 15세 이
하로서 총명한 자를 뽑아 올려 교육시켰다. 1466년(세조 12) 관제
를 정하면서 교수직으로 한학교수漢學敎授 2명, 한학훈도漢學訓導
4명, 몽학·왜학·여진학 훈도 각 2명으로 정했다.

『경국대전』「이전 경관직」의 직제를 보면 사역원에는 도제
조都提調(정1품) 1명(時原任 대신 중에 겸임), 제조提調(종2품) 2명, 정正
(정3품당하관) 1명, 부정副正(종3품) 1명, 첨정僉正(종4품) 1명, 판관判
官(종5품) 2명, 주부主簿(종6품) 1명, 한학교수(종6품) 4명(2명은 문신이
겸임), 직장直長(종7품) 2명, 봉사奉事(종8품) 3명, 부봉사副奉事(정9품)
2명, 한학훈도(정9품) 4명, 몽학훈도 2명, 왜학훈도 2명, 여진학
훈도 2명, 참봉參奉(종9품) 2명이 있었다.

역학생도의 교육은 교수와 훈도가 담당했다. 교수나 훈도
의 자격을 보면, 교수는 정3품 훈상당상訓上堂上, 종4품 첨정,
정5품 도사都事 등을 지내고 교회敎誨 등 경험이 많은 사람으로
임명했고, 훈도는 참상관이나 교회 중에서 임명했다.(『통문관지』
권1, 관제) 그런데 외국어 중 한학만 교수와 훈도를 두었으며 나
머지 외국어 몽학, 왜학, 여진학은 훈도만 두었다. 이는 사대 외
교에 필요한 한학을 가장 중시했기 때문이다.

교수와 훈도는 사역원의 다른 관직에 비해 우대했다. 사역
원 정을 비롯한 11개의 녹직祿職 중에서 교육을 담당하는 교수
와 훈도만이 구임久任으로 정직正職이었다. 구임이란 특정한 기
술과 자격이 있어야 하는 관직은 임기와 상관없이 재직하게 하
는 관리의 유임제도이다. 나머지 정, 부정 등은 임시직인 체아
직遞兒職이다.

사역원 내에서는 외국어만 사용하게 했다. 주목할 만한 정책이다. 이를 어길 시에는 현직에 있는 자는 파면시킨 뒤 1년 이내에 역관직에 오르지 못하도록 하고, 역학 생도의 경우에는 그 범한 횟수에 따라 그 때마다 매질을 하는 강경책을 시행했다. 1442년(세종 24) 사역원 도제조(정1품) 신개가 올린 상소문을 보자.

국가에서 사대의 예가 중함을 깊이 염려하여 중국말을 힘써 숭상해서, 권과勸課하는 방법이 지극히 자세하고 치밀하나 중국말을 능통하게 하는 자가 드물고 적으며, 비록 능통한 자가 있다 하더라도 그 음이 역시 순수하지 못하므로, 중국 사신이 올 때를 당하면 어전御前에서 말을 전할 적당한 사람을 얻기가 매우 어렵습니다. 지금 여러 통역하는 자를 보면, 중국말을 10년이나 되도록 오래 익혔어도 사신으로 중국에 두어 달 다녀온 사람만큼도 익숙하지 못하니, 이것은 다름 아니라 중국에 가게 되면 듣는 것이나 말하는 것이 다 중국말뿐이므로 귀에 젖고 눈에 배기 때문입니다. 우리나라에 있을 때는 사역원에 들어와서 마지못해 중국어를 익힐뿐더러 보통 때는 늘 우리말을 쓰고 있으니, 하루

동안에 중국어는 우리말의 10분의 일도 못 쓰는 것입니다. 이것은 바로 맹자가 말하는 '한 명의 제齊나라 사람이 가르치고 여러 초나라 사람들이 지껄여대면, 아무리 날마다 매를 때려 가면서 제나라 말을 하기를 바라더라도 얻지 못할 것이다.'고 하는 것과 같습니다. 지금부터 사역원 안에서는 오로지 중국말만 쓰기로 하며, 크게는 공사 의논으로부터 작게는 음식 먹는 것이나 기거起居하는 것까지도 한가지로 중국말만 쓰게 하소서. 그 밖에 몽어, 왜어, 여진어의 학도들도 이 같은 예에 따라 시행하도록 하시옵소서.

― 『세종실록』 권95, 세종 24년 2월 14일(을사)

외국어 교육에서는 무엇보다 회화 훈련이 중시되었다. 역시 주목할 만한 측면이라 하겠다. 그래서 1682년(숙종 8) 사역원 내에 회화 훈련을 위한 전문 교육기관인 우어청偶語廳이 설치되었다.

원어민이 어학 교육을 담당하기도 했다. 그들은 중국이나 주변국에서 귀화한 사람이거나 후손으로 향화인向化人이라고 했다. 주로 통역과 외국어 교육에 종사하도록 했다. 향화인들이 살 집은 관청에 속한 빈집을 주고, 빈집이 없으면 선공감繕

工監이 2칸 혹은 3칸을 지어서 주었다. 토지 세금은 3년, 요역은 10년간 면제해 주었다. 장가가기를 원하는 향화인에게는, 공사노비 가운데 양인 남자에게 시집가서 낳은 여자를 주도록 했다. 또 그들에게 관향貫鄕을 내려 주어 조선의 백성으로 살도록 했다.

대표적인 향화인으로는 위구르 출신 설장수偰長壽, 중원中原 출신 매우梅佑, 한족 임언충任彦忠, 원나라 사람 이현李玄, 당성唐誠 등이 있었다(6장 참조). 향화인들은 주로 통역과 외국어 교육에 종사했다. 『숙종실록』 숙종 3년 3월 22일(무술) 기사를 보면, 조선 후기에도 표류해 온 중국인들에게 군직을 부여하고 집을 사주고 역관들에게 한어 등을 가르치게 했다는 것을 알 수 있다.

외국어 교육

공식적으로 조선시대 외국어 교육은 국가에 의한 공교육으로 이루어지고 있었다. 외국어 자체가 갖는 속성 때문이라 하겠다. 다른 나라와의 관계, 그리고 국가 안보와 직결된다고 여겼기 때문이다. 물론 지리적 근접성이나 특수한 사연으로 인해 사적으로 외국어를 배울 수는 있었을 것이다. 하지만 그것은 어디까지나 비공식적이었을 따름이다.

그러기 때문에 조선시대에 외국어 교육은 크게 두 갈래, 사역원이 주무 관서로 중앙과 지방에서 이루어졌다. 다만 몽학은 중앙 관서에서만 교육을 실시했다. 거기서 외국어 교육을 받는 학생들을 가리켜 '역학 생도'라 했다. 서울은 사역원에서, 지방은 지방 관서에서 실시했다. 사역원은 한어·몽어·왜어·여진어(청어) 등 외국어의 통역과 번역을 담당했다. 부경사행이나 통신사행을 수행하고 표류, 도래인과 국경의 중국인, 이민족, 일본인들과의 접촉에서 역어譯語를 맡았다. 외국어 교육과 더불어 외국어시험(역과), 취재 등을 관장했다.

지방의 경우 부·대도호부·목, 도호부, 군, 현 등의 지방관청에서 외국어를 전공하는 역학 생도를 양성했다. 외국어 교육은 지방 관청에서도 이루어졌던 것이다. 한어와 왜어, 여진어(청어)는 대외 관계가 빈번한 지역에서 관련된 외국어를 가르쳤다. 한어는 평양·의주 등, 왜어는 제포·부산포 등, 여진어(청어)는 북청·의주·창성 등의 지역에서 역학 생도를 육성했다. 역시 지리적인 근접성을 고려한 것이다. 다만 몽어의 경우 다른 외국어와는 달리 중앙의 사역원에서만 교육을 담당하고 있었다.

역학생도: 외국어를 배우는 생도

조선시대 사역원이나 지방에서 외국어 교육을 받는 학생들을 가리켜 '역학 생도'라 불렀다. 그러면 어떤 사람들이 역학생도가 되었을까. 『태조실록』 태조 3년(1394) 11월 19일(을묘) 기사에는 사역원 제조 설장수 등이 올린 글에 다음과 같은 구절이 보인다. "스스로 외국어를 학습하고자 하는 생도가 드무니, 서울의 5부와 지방관청에 명령하여 15세 이하의 양가 자제 가운데 슬기로운 사람들을 뽑아서 한 사람에게 세공歲貢(貢生)으로 뽑도록 한다." "3년을 학습하고도 한어와 몽어에 통하지 못하는 자는 군대에 보낸다."

그런데 유념해야 할 점은 스스로 외국어를 학습하고자 하는 생도가 드물고, 3년 동안 공부했는데도 외국어에 통달하지 못하는 자는 군대에 보낸다는 것이다. 과거를 거쳐 출세하려는 사대부 양반 자제들이 역학생도가 되려고 하지는 않았음을 알 수 있다. 이 문제는 결국 사회적 계층 및 신분과도 연결되는 문제이다. 그렇다고 해서 신분을 따지지 않고서 생도로 받아들일 수는 없었다. 사역원 설립 이후 갑오경장 이전까지의 전체 현황을 다 알 수는 없지만, 현재 전해지는 『완천록完薦錄』, 『완천기完薦記』 등의 역학생도 천거 자료를 통해서, 18-19세기 어떤 사람들이 생도로 들어갔는지 확인할 수가 있다. 『완천록』에는 1736년 (영조 12)부터 1777년(정조 1)까지 총 21회 시행된 사역원 입속 결과, 1,555명의 생도 명단이 수록되어 있다. 『완천기』는 1861년 (철종 12)부터 1893년(고종 30)까지 총 15회 입속 결과, 지원자 1,303명(합격자 1,224명 포함)의 명단을 수록하고 있다.

그러면 사역원에 '역학생도'로 들어가 외국어 공부를 하려면 구체적으로 어떻게 해야 했을까? 생도로 들어가는 것, 그것을 가리켜 '입속入屬'이라 했다. 『통문관지』에 의하면, 생도로 입속하는 절차는 천거薦擧와 시재試材로 이루어져 있다. 생도로 입속하고자 하는 자는 도제조 출근일坐衙日에 신청서를 제출, 허가를 받아야 한다. 그 후 부모와 처의 4조四祖(부·조부·증조부·외조부와 처부·처조부·처증조부·처외조부)에 대한 단자單子와 보거인保擧人(신원보증인)의 단자를 녹관청祿官廳에 제출한다. 녹관청에서는 15명의 녹관이 참여해 심사를 진행한다. 먼저 부모와 처의 4조를 살펴본 다음, 보거인을 살펴서 천거할지 아닌지 결정한다. 녹관 15명 중에서 3명 이상이 반대하면 천거가 허락되지 않았으며, 3회 기회가 주어졌다. 그 3회에서 천거 받지 못하면 이후에는 입속할 수가 없다. 천거가 완료되면 다시 전공 서적을 이용해 그 재능을 시험했다. 전공 서적을 한 번 읽혀 보는 것이다. 그 시험을 통과하면 마침내 생도가 되는 것이다. 일단은 '예차

생도預差生徒'로 들어가고, 빈자리가 있을 때는 '실차생도實差生徒'
로 들어가기도 했다.

하지만 천거 외에도 사역원에 들어갈 방법이 없지 않았다.
사역원 입속시험 결과를 기록한 『완천록』에 의하면 천거 외에
'서경署經'이 있었으며, 『완천기』에 의하면, 천거 외에도 '서경署
經'과 '직입直入'이 있었다. 서경은 입속 지원자의 동복형同腹兄을
통해서 이미 서류 심사가 끝난 경우이며, 직입은 입속 지원자
의 사조를 통해서 서류 심사가 면제된 경우로 여겨진다(우현정
2023).

이렇듯이 사역원에 생도로 들어가는 것 역시 정해진 절차가
있었다. 천거의 경우 부모와 처의 4조, 보거인, 그리고 녹관의
심사, 시재 등의 과정을 거쳐야 했다. 하지만 조선 후기로 갈수
록 서경과 직입 등의 방식도 나타나게 된다. 상대적으로 천거의
비중이 줄어들었다고 볼 수 있겠다. 이것은 무엇을 말해 주고
있을까. 처음에는 엄격한 절차의 천거 형식이 지켜졌지만, 점차
그런 절차를 거친 역학생도, 역관들이 배출되면서, 점차로 그런
일을 본업으로 삼는 가문과 집단이 형성되어갔다. 천거라는 초
기의 원칙을 유지하면서도 다른 한편으로는 지원자들의 현실
을 고려한 방식(서경, 직입)이 병행된 것이다.

아마도 이런 점들이 복합적으로 작용해서 점차로 신분으로

서의 '중인' 역관 계층이 형성되고, 큰 범위 안에서 역학 생도들이 충원되어 간 것으로 볼 수 있겠다. 출사出仕를 꿈꾸는 양반 계층이 굳이 사역원에 들어가려고 하지는 않았다. 또한 외국어가 갖는 특성상 주변에서 외국어를 접할 수 있는 환경에 있는 자들이 유리할 수밖에 없다. 전공 서적을 이용해 재능을 시험해 본다는 것 자체가 이미 그렇다. 아무런 연고 없이는 흔치도 않은 전공 서적으로 외국어를 공부할 수는 없었던 것이다. 그러다 보니 특정한 몇몇 가문에서 외국어를 세전世傳하는 양상이 나타나고, 혼인 역시 비슷한 신분끼리 하게 된 것이다. 그들이 작성한 팔세보를 통해서 그런 사회적 현상을 확인해 볼 수 있다(이남희 2021).

생도들의 입속에서 가장 특징적인 것은 그들의 나이가 대체로 어리다는 것이다. 기억하고 외우는 것이 중요한 외국어 공부는 역시 일찍 시작하는 것이 좋다. '조기교육'이 유리하다. 그것은 오늘날과 마찬가지라 하겠다. 그렇다면 대체 몇 살 때쯤 역학생도가 되었을까. 현재 확인된 바에 의하면 다섯 살 때 들어간 경우가 있다. 예외적인 경우라고 해야겠지만 왜학역관 현계근의 경우가 그러했다(김현영 1987, 정광 2014). 『완천록』에 수록된 입속 지원자의 평균 연령은 11.6세, 『완천기』에 수록된 입속 지원자의 평균 연령은 12.8세로 나타난다(우현정 2023). 약간의 차이는 있지만 역시 10대 초반이라 할 수 있다. 조선시대 전문적인 외국어 공부는 10대 초반부터 시작된 것이다.

그렇다면 그 어린 나이에 외국어 공부에 뜻을 두고, 또 그렇게 쉽지 않은 '입속'이 허락된 생도는 어느 정도 규모로 사역원에서 외국어를 공부했을까. '정원'이라 해도 되겠다. 전근대 국가였던 만큼 국가 체제하에서 외국어를 공부하는 사람의 숫자도 정해져 있었다. 외국어였기 때문에 더욱 그러했다. 『경국대전』에서 정해 두었다. 하지만 그것은 고정되지 않고, 조선 후기에 들어서 변화하는 양상을 보여 주었다.

경국대전과 역학 생도

『경국대전』에 따르면 중앙과 지방에서 외국어 공부하는 생도들의 정원은 【표 1】과 같다.(『경국대전』 권3, 예전 생도; 『경국대전』 권1, 이전 외관직)

역학 생도는 전체 236명에 이른다. 전공 별로 보면, 한학이 52.97%(125명), 몽학이 4.23%(10명), 왜학이 17.37%(41명), 그리고 여진학이 25.42%(60명)에 이른다. 한학이 가장 큰 비중을 차지하고 있으며 이어 여진학 → 왜학 → 몽학 순이다. 이어 중앙과 지방의 비율을 보면, 중앙 80명(33.89%); 지방 156명(66.11%)로 나

과목	교육 기관		인원	
역학	한학	사역원	35	125	236
		평양·의주·황주	각 30		
	몽학	사역원	10	10	
	왜학	사역원	15	41	
		제포·부산포	각 10		
		염포	6		
	여진학	사역원	20	60	
		북청	10		
		의주·창성·이산·벽동·위원·만포	각 5		

(단위: 명)

표 1　조선전기 역학 생도 정원 (『경국대전』)

타난다. 지방이 압도적인 우위를 차지한다.

따라서 사역원에는 80명의 생도가 있었다. 어학별로는, 한학 35명, 몽학 10명, 여진학 20명, 왜학 15명으로 한학의 비중이 가장 높다. 한학은 평양·의주·황주에서 90명, 왜학은 제포·부산포·염포에서 26명, 여진학은 의주·창성·북청·이산·벽동·위원·만포에서 40명 등 모두 156명에 이른다. 대외 관계가 빈번한 지역에서 역학 생도를 육성했다.

『성종실록』 성종 9년 11월 21일(무인) 기사에 따르면, 역학 생도에게는 경제적으로 외방이나 본가本家에 대한 잡역雜役을 면제해 주는 혜택을 부여했다. 그리고 호내戶內의 인정人丁 2명, 호 내에 인정이 없는 자는 호戶별로 1명을 주어 학문에 전념하도록 했다.

참고로 덧붙인다면 문·무과 초시 선발 인원은 법제적으로 도道별로 지역 할당제가 있었다.(『경국대전』 권3, 예전 제과; 『경국대 전』 권4, 병전 시취). 그런데 잡과에서는, 특히 역과에서는 한학에 만 향시鄕試를 실시했다. 한학의 초시 정원 45명 중 사역원이 주 관하는 사역원시司譯院試에서 23명을 선발하고, 황해도와 평안 도에서 7명, 15명을 선발했다. 황해도와 평안도에만 향시가 실 시된 것은 그곳이 중국 사행이 지나는 요충지였기 때문이다.

지방에는 외국 사신 영접과 역학생도 교육을 위해서 황해도 황주, 평안도 평양과 의주에 한학훈도를 배치했으며, 경상도 제 포와 부산포에는 왜학훈도를 배치했다. 몽학은 다른 어학과는 달리 중앙의 사역원에서만 실시되었다. 몽학이 지금 당장 필요 하지는 않지만, 한때 강성했던 몽골이 언제 후환을 가져올지도 모른다고 여겼기에 역과 시험에서 몽학 전공자를 계속 선발했 다. 하지만 실제 외교 관계가 없었기 때문인지 몽학은 다른 역 학에 비해서 부진했다. 교육 역시 중앙에서만 이루어졌다.

『성종실록』 성종 12년 3월 23일(정유) 기사에 따르면, 국가에 서는 역학 생도들의 외국어 전문 학습을 위해 향통사鄕通事와 함께 사신 일행을 호송할 때 번갈아 차출, 실제 언어습득의 기회를 마련해 주기도 했다. 또 원활한 교육을 위해 지방과 서울 기술관서의 유기적인 운영 방식을 도입했다. 부산포의 왜학 생도가 재주를 갖춘 경우 서울의 사역원으로 보내어 녹명錄名, 시취하도록 했다. 지역적으로는 각 지역에 생도를 설치했기 때문에, 충원도 해당 고을에 거주하는 자들을 대상으로 했다. 『세종실록』 세종 12년 10월 11일(무인) 기사를 보면, 경상도 관찰사의 요청에 따라, 왜어를 공부시키기 위해, 일본인들이 머무는 각 포의 선군船軍 가운데서 나이 어리고 총민한 자를 뽑아 배우게 했다.

또한 역학 교육의 효율성을 높이기 위해 서종법書從法, 출석 체크 같은 다양한 학습 방법을 강구하기도 했다(이동기 2014). 서종법은 독서 권장과 실적을 평가하는 방법이다. 매일 또는 매월의 독서 목표량을 정해 주었다. 공부한 내용을 임의로 추출하여 월례 고강考講하여 평점과 독서 분량을 개인별로 기록했다. 태만한 자는 처벌하고 실적이 우수한 자는 고과에 반영했던 것이다.

속대전과 역학 생도

이 같은 『경국대전』의 역학 생도 규정은 1746년(영조 22)에 편찬한 『속대전』에 이르러 변화양상을 보여 주고 있다. 시대의 흐름과 수요를 반영한 것이라 하겠다. 정리하면 【표 2】와 같다.(『속대전』 권3, 예전 생도)

과목		교육기관	인원		
역학	한학	사역원	75	180	389
		평양·의주·황주	각 30		
		제주	15		
	몽학	사역원	35	35	
	왜학	사역원	40	80	
		부산포	10		
		제주	15		
		거제	15		
	청학	사역원	54	94	
		북청	10		
		의주·창성·이산·벽동·위원·만포	각 5		

(단위: 명)

표 2 조선후기 역학 생도 정원 (『속대전』)

『속대전』 법규의 변화에서 알 수 있는 사항들은 다음과 같다. 우선, 지방 역학생도의 변화를 보면 제주에 한학생도 15명과 왜학생도 15명, 거제에 왜학생도 15명을 신설했다. 반면 10명의 왜학생도가 있던 제포와 염포는 폐지했다. 156명에서 45명 추가, 20명 감액되어, 결과적으로 25명이 증액되었다. 그래서 전체 지방 역학생도는 181명(46.53%)이 되었다.

그리고 중앙의 역학 생도는 분야별로 정원이 크게 늘었다. 사역원의 경우 한학생도는 40명이 증액되어 75명, 몽학생도는 25명이 증액되어 35명, 왜학생도는 25명이 증액되어 40명, 청학생도는 34명이 증액되어 54명으로 되었다. 여진학은 1667년(현종 8) 청학으로 개칭되었다.(『통문관지』 권1, 연혁 관제) 모두 124명이 증원되었으며, 전체 80명에서 204명(52.44%)으로 크게 늘어났다.

이처럼 전체적으로 역학 생도 정원이 증가했다. 하지만 증가는 중앙을 중심으로 이루어졌다. 『경국대전』 중앙 33.89%(80명) ; 지방 66.11%(156명)에서 『속대전』 중앙 46.53%(181명) ; 지방 52.44%(204명)으로 변화했다. 『속대전』 이후 점차로 중앙, 서울의 집중도가 더 높아졌음을 알 수 있다.

이후 이 같은 중앙, 서울로의 집중도는 한층 더 가속화되었을 것으로 생각된다. 역과 합격자들의 거주지를 조사, 정리해 보면 대부분 서울로 나타나고 있다(이남희 1999). 역과 합격자를 시기별로 나누어 보면, 서울 거주자는 그 비율이 계속 증가하여 17세기에 이르면 전체 합격자의 거주지가 서울로 나타났다.

16세기 후반기를 분수령으로 특정 지역인 서울에서 배출되고 있는 것은 역과 합격자들이 지역적으로 점차 고정되어 가는 과정을 말해 준다. 그 자체 중앙으로의 집중을 방증해주는 하나의 지표가 된다고 하겠다. 생원진사시 합격자의 경우 후기로 갈수록 서울 거주자 비율이 줄어들고 있는 점과는 좋은 대조를 이룬다.

3

무슨 책으로
어떻게 공부했나

이 장에서는 조선시대 외국어공부는 구체적으로 무슨 책을 가지고 어떻게 했을까 하는 의문에 대해 답해 보고자 한다. 외국어 교재와 학습법이라 해도 좋겠다. 전근대의 경우 외국어 교육은 국가에 의해서 독점되다시피 했던 만큼, 어떤 교재로 어떻게 공부했는가 하는 점이 특별히 중요하다.

　먼저 각 언어별 교재에 대해서 간략하게 정리할 것이다. 시대의 흐름과 더불어 외국어 자체가 변하게 되고, 그에 따라 교재 역시 바뀌어 갔다는 점을 주목해야 할 것이다. 이어 주요한 학습법에 대해서 살펴보고자 한다. 크게 강서, 사자, 역어 방식이 있었으며, 강서에는 배송과 임문이 있었다. 그 같은 학습 방식은 조선 말까지 꾸준히 이어졌음을 알 수 있을 것이다.

각 언어별 교재

조선시대 외국어 공부는 어떻게 했을까? 어떤 책을 가지고 어떻게 공부했을까? 이른바 교재와 학습법에 관한 것이라 하겠다. 그 당시 외국어 공부가 지향했던 것은 외국어를 잘 구사하는 것이겠지만, 현실적으로 과거 시험, 구체적으로는 역과를 염두에 두는 것은 당연했다. 역과에서는 얼마나 외국어를 잘할 수 있는지를 시험 보는 것이었으므로, 서로 무관하지 않다. 실제로 역과 시험에서 치러진 문제와 답안지를 보면, 일반적으로 이미 정해진 교재에서 어떤 한 부분이나 대목이 출제되었다(정광 2014). 그런 측면에 주목하려는 것이다.

우선 교재에 관하여 살펴보자. 그러면 외국어를 공부하는 사람들, 더 구체적으로 역과에 응시하려는 사람들은 어떤 교재로 어떤 방식으로 공부했을까. 외국어 공부를 위한 당시의 교재와 공부 방식을 전부 분명하게 알 수는 없다. 하지만 우리가 조금 시선의 방향을 바꿔서 역과 시험과목과 방식을 검토해 봄으로써 그 대략을 파악해 볼 수 있다.

그런데 조선시대 역과는 선발 방식과 인원이 식년시式年試와 증광시增廣試, 그리고 대증광시大增廣試가 동일했으며, 시험방식은 1894년(고종 31) 과거제가 폐지될 때까지 그대로 유지되었다.

식년시와 증광시, 초시初試와 복시覆試 과목이 같기 때문에 외국어 교육과 학습에서 시험 교재가 갖는 중요성이 훨씬 더 컸다.

고려에서는 통문관에서 보듯이 한어에 국한되었지만, 조선에서는 그 외에 몽어, 왜어, 여진어 등이 덧붙여졌다. 기본적으로 한어, 몽어, 왜어, 여진어 네 개의 외국어가 기본을 이루고 있다. 그들은 한학, 몽학, 왜학, 여진학으로 불리기도 했다. 여진학은 병자호란 이후인 1667년(현종 8) 청학으로 바뀌었다(『통문관지』 권1, 연혁 관제). 이는 개항 이후 1894년(고종 31) 과거제도가 폐지될 때까지 이어지고 있다(개항 이후에 대해서는 뒤에서 다루고자 한다). 그런데 외국어 교육의 교재와 교육방법에 대해서 명확한 내용을 알 수는 없다. 하지만 역과 시험과목을 통해서 추정해 볼 수 있다.

역과 시험과목은 전공서, 경서, 『경국대전』으로 초시와 복시가 동일했으며, 식년시와 증광시(대증광시)가 같았다. 따라서 이들을 중심으로 교육이 이루어졌을 것으로 여겨진다. 역시 중요한 것은 전공서라 하겠다. 외국어시험 준비를 위한 교재라 할 수 있다. 그런데 외국어별로 널리 이용되던 어학 교재들이 있었다. 일종의 표준 교과서 같은 것이다. 각 외국어의 어학 교재를 법전별로 정리해 보면 【표 3】과 같다.(『경국대전』 권3, 예전 제과 ; 『속대전』 권3, 예전 제과 ; 『대전통편』 권3, 예전 제과 ; 『대전회통』 권3, 예전 제과)

법전	전공	강서(講書)	사자(寫字)	역어(譯語)
경국대전	한학	사서(四書), 노걸대(老乞大)· 박통사(朴通事)· 직해소학(直解小學)		경국대전(經國大典)
	몽학		왕가한(王可汗)·수성사감(守成事監)·어사잠(御史箴)·고난가둔(高難加屯)·황도대훈(皇都大訓)·노걸대·공부자(孔夫子)·첩월진(帖月眞)·토고안(吐高安)·백안파두(伯顔波豆)·대루원기(待漏院記)·정관정요(貞觀政要)·속팔실(速八實)·장기(章記)·하적후라(何赤厚羅)·거리라(巨里羅)	
	왜학		이로파(伊路波)·소식(消息)·서격(書格)·노걸대·동자교(童子敎)·잡어(雜語)·본초(本草)·의론(議論)·통신(通信)·구양물어(鳩養物語)·정훈왕래(庭訓往來)·응영기(應永記)·잡필(雜筆)·부사(富士)	
	여진학		천자(千字)·천병서(天兵書)·소아론(小兒論)·삼세아(三歲兒)·자시위(自侍衛)·팔세아(八歲兒)·거화(去化)·칠세아(七歲兒)·구난(仇難)·십이제국(十二諸國)·귀수(貴愁)·오자(吳子)·손자(孫子)·태공(太公)·상서(尙書)	
속대전	한학	사서(四書), 노걸대·박통사· 오륜전비(五倫全備)		경국대전
	몽학		노걸대·첩해몽어(捷解蒙語)	
	왜학		첩해신어(捷解新語)	
	청학		소아론·팔세아·노걸대(老乞大)·삼역총해(三譯總解)	
대전회통	한학	사서(四書), 노걸대·박통사· 역어유해(譯語類解)		경국대전
	몽학		노걸대·첩해몽어·몽어유해(蒙語類解)	
	왜학		첩해신어	
	청학		소아론·팔세아·노걸대·삼역총해(三譯總解)	

표 3   조선시대 역과 시험과목 추이

사서四書(『논어』·『맹자』·『대학』·『중용』)를 보고 강독하게 했다. 한학에만 사서 강서講書가 있다. 『노걸대』·『박통사』·『직해소학』은 책을 보지않고 외우고 강독하게 했다. 『노걸대』는 중국어 회화책으로 중국 북부 지방을 여행하는 고려인과 중국인이 나누는 대화체로 되어 있다. 압록강을 건너 북경까지 가는 노정路程에서 경험하는 일들을 중국인과 대화하는 형식으로 서술한 것으로 몽어와 왜어로 번역되기도 했다. 『박통사』는 북경에서 생활하는 데 필요한 여러 지식을 담고 있다. 의례적인 표현, 상급자가 하급자에게 발화하는 2인칭 명령형도 등장하며, 사설체辭說體도 실려 있다. 『박통사』는 『노걸대』와 함께 조선시대 전 기간 한어 시험과목이었다. 참고로 성종 때 최세진崔世珍이 『번역박통사飜譯朴通事』를 지었으며, 이후 변섬邊暹·박세화朴世華 등이 언해한 『박통사』, 변헌邊憲 등이 수정·간행한 『박통사신역朴通事新譯』, 김창조金昌祚 등이 편찬한 『박통사신역언해朴通事新譯諺解』가 현재까지 전해진다.

『직해소학』은 고려 말 설장수가 『소학』을 한어로 번역한 책이다. 『직해소학』은 1393년(태조 2) 사역원이 설치되면서부터 한학서로 사용되기 시작했던 것으로 여겨진다. 1394년 설장수가

그림 2 『노걸대언해』, 서울대학교 규장각한국
학연구원 소장

그림 3 『박통사언해』, 서울대학교 규장각한국
학연구원 소장

사역원의 제도에 대하여 논의한 상소문에 의하면 이 책이 사서
四書와 함께 언급되어 있다.

　그런데 【표 3】에서 보듯이 『속대전』(1746, 영조 22)에는 『오륜
전비』가 추가되고 『직해소학』은 폐지되었다. 『오륜전비』는 중
국어 학습서로서 명나라 구준丘濬이 지은 책이다. 형제간의 대
화를 그 내용으로 하고 있다. 언해본은 숙종 때 사역원에서 간
행했다. 『대전회통』(1865, 고종 2)에서는 『역어유해』가 추가되고

『오륜전비』는 폐지되었다. 『역어유해』는 중국어 학습서로서 우리말로 풀이한 중국어 단어 책이다. 숙종 때 김경준金敬俊, 김지남金指南 등이 편찬했으며, 사역원에서 간행했다.

이렇게 본다면 사서와 『노걸대』·『박통사』가 일관되게 핵심적인 교재였다고 할 수 있으며, 다만 네 번째 교재는 시대에 따라 『직해소학』 → 『오륜전비』 → 『역어유해』로 변화하는 모습을 보여 주고 있다.

몽학蒙學

『경국대전』 시기, 몽학 교재는 『왕가한』·『수성사감』·『어사잠』·『고난가둔』·『황도대훈』·『몽어 노걸대』·『공부자』·『첩월진』·『토고안』·『백안파두』·『대루원기』·『정관정요』·『속팔실』·『장기』·『하적후라』·『거리라』이다. 이들에 대해서 간략하게 소개해 두고자 한다.[이들에 대해서는 『조선시대 과거제도 사전』(원창애·박현순·송만오·심승구·이남희·정해은, 한국학중앙연구원출판부, 2014)에 필자가 집필한 해당 항목들을 토대로 정리했다. 왜학, 여진학 역학서도 이와 같다.]

◎ 『왕가한』: 원나라 태조 선조先祖이며, 가한可汗은 중국어로 천자天子를 지칭하는 말이다. 『원사元史』에 성길사한成

吉思汗의 의부義父 이름이 왕가한王可汗, 왕가한王可罕 또는 왕한汪罕으로 기록되어 있다. 몽골 사료에 성길사한의 성장기에 몽골족의 케레이트Kereyid 부족을 지배하던 강력한 추장 토오릴To'oril의 칭호로 나타난다. 따라서 『왕가한』은 토오릴의 이야기를 수록한 책으로 여겨진다.

◎ 『수성사감』: 원나라 한림학사翰林學士 아린첩목아阿隣帖木兒·홀도로忽都魯·도아미실都兒迷實 3인이 몽어로 번역한 책이다. 어의語義는 '성취시킨 것을 지키는 감鑑'이라는 뜻이다. 『원사』에 의하면 왕운이 1295년(성종 즉위년)에 『수성사감』15편을 바쳤다고 한다.

◎ 『어사잠』: 원나라 한림학사 아린첩목아·홀도로·도아미실이 번역한 책이다. 『어사잠』의 일부는 중국어, 일부는 국어음에 의하여 몽어를 전사轉寫했다.

◎ 『고난가둔』: 고난高難은 원나라 태조의 황후 이름이며, 가둔加屯은 중국어로 황후를 의미한다.

◎ 『황도대훈』: 원나라 한림학사 아린첩목아·홀도로·도아미실이 몽어로 번역한 책이다. 『원사』에 『황도대훈』이라는 서명이 두 번 나타나는데, 하나는 1325년(원 태정제 2)에 한림승지翰林承旨 아림첩목아와 허사경許師敬이 제훈帝訓을

몽어로 번역하며 『황도대훈』이라 이름 했다는 기록이고, 다른 하나는 마조상馬祖常이 『영종실록』을 수찬修纂하고 또 『황도대훈』을 번역하고 윤문했다는 기록이다.

◎ 『몽어 노걸대』: 중국의 북부 지방을 여행하는 고려인과 중국인 간의 대화를 담고 있는 회화책을 몽어로 번역한 것이다. 노걸대는 몽어 'LabKida'로서 대지나大支那, 참된 중국인이라는 뜻이다. 고려의 상인 한 사람이 압록강을 건너 북경까지 가는 노정路程 및 산동山東 지방을 여행하는 과정에서 경험한 여러 가지 일들이 중국인과 대화하는 형식으로 구성되어 있다. 『노걸대』는 조선 세종 때 왕명으로 편찬되었으며 명종 때 역관 변헌邊憲 등이 새로 음의音義를 풀고 방효언方孝彦 등이 보충하여 간행했다. 정조의 명을 받들어 이수李洙, 장염張濂, 김윤서金倫瑞 등 사역원 출신의 역관들이 다시 『중간노걸대重刊老乞大』를 편찬했다. 언해본으로 1795년(정조 19) 간행된 이수 등의 『중간노걸대언해重刊老乞大諺解』가 있다. 역학 시험 교재로 조선시대 역과 초시와 복시의 한어 배송 시험과목이었다. 실용성으로 인해 한어뿐만 아니라 몽어, 왜어, 여진어로도 번역되어 사역원에서 역학 교재로 사용되었다.

◎ 『공부자』: 1690년(숙종 16) 몽학관蒙學官 박동열朴東說·박동염朴東琰·최덕만崔德萬 등이 이미 있던 옛 책을 개간改刊한 것이다.

◎ 『첩월진』: 여진어 학습서인 『소아론』을 몽어로 번역한 책이다. 『첩아월진帖兒月眞』으로 표기하기도 한다. 조선 초기 몽학자학서蒙學字學書로 『첩아월진』과 『위올진偉兀眞』이 있었는데 조서詔書나 인서印書에는 『첩아월진』을, 일상 문자에는 『위올진』을 사용했다. 그런데 역학 생도들이 모두 『위올진』을 학습하고, 『첩아월진』을 학습하는 생도는 적었다. 그래서 1429년(세종 5)부터 해마다 4계절 첫 달의 몽학 취재取才에서 『위올진』과 함께 『첩아월진』을 시험 보게 했다.

◎ 『토고안』: 몽골인명으로, 그의 다섯 아들을 훈계한 내용이다. '토고안土高安'으로 표기하기도 한다.

◎ 『백안파두』: 원나라 장수의 이름으로, 그의 말을 책으로 엮은 것이다. 그는 몽골 팔린부인八隣部人으로 서역西域에서 자라 원나라 세조世祖를 섬겼다. 그 당시에 송나라를 정벌하여 그 공으로 중서좌승상中書左丞相에 임명되었고 하남등로행중서성河南等路行中書省을 관할했다. 또 성종이

즉위하자 개부의동삼사開府儀同三司에 임용되고, 이어 태부太傅에 임명되었다. 죽은 후에는 준안왕准安王에 추봉되었다.

◎ 『대루원기』: 원나라 한림학사 아린첩목아 및 홀도로·도아미실이 몽어로 번역한 책이다. 『대루원기』는 본래 송나라의 왕우칭이 과거 재상들이 정치에 관하여 언급한 이야기들을 기술하여 당시의 집정자들에게 규감이 되게 하기 위해 지은 것이다. 대루待漏는 '물방울을 기다림' 즉 물시계의 시간을 기다린다는 뜻에서 입조入朝의 시각을 의미한다. 대루원은 당나라 원화元和(806-820) 초에 설치된 관청으로 아침에 백관이 궐문이 열리기를 기다리는 장소였다

◎ 『정관정요』: 원나라 한림학사 아린첩목아·홀도로·도아미실이 몽어로 번역한 책이다. 본래 당나라 오긍吳兢이 편찬한 책이다. 당 태종 정관(627-649) 연간에 천자와 군신 사이에 이루어진 정사政事에 관한 문답과 『태종실록』에서 자료를 뽑아 모두 10권 40문門으로 편찬했다.

◎ 『속팔실』: 몽골인명으로 그의 말을 책으로 엮은 것이다. 속速은 이름의 첫 음절이고 팔실八實은 칭호(선생)이다.

◎『장기』: 원나라 황제의 성지聖旨를 모은 책이다.

◎『하적후라』: 하적何赤은 중국어로 '은혜'라는 뜻이며, 후라 厚羅는 갚는다는 뜻으로 선악에 보응報應하는 이야기가 수록되어 있다. 『세종실록』에는 『하적후라賀赤厚羅』로 되어 있다.

◎『거리라』: 거리라는 여우의 이름이다. 내용은 여우가 사자 및 소와 더불어 문답하는 이야기책인데 원나라 학사學士 자고두者古斗가 번역했다.

그런데 『속대전』에서는 한어 『노걸대』를 몽어로 번역한 『몽어 노걸대』만 남기고 나머지는 모두 폐지되었다. 다만 『첩해몽어』가 추가되었을 뿐이다. 많은 교재를 폐지하게 된 데에는 역시 몽어, 몽학의 위상 변화와 관련되어 있지 않을까 한다. 중국 대륙에서 원나라와 명나라의 정권교체로 인해서, 몽골의 정치적 위상이 예전과 달라졌으며, 조선에 미치는 영향 역시 크게 약화된 것과 무관하지 않은 듯하다.

새로 덧붙여진 『첩해몽어』는 1737년(영조 13)에 몽학관 이세효 등이 간행했으며, 1790년(정조 14)에 방효언 등이 개정했다.

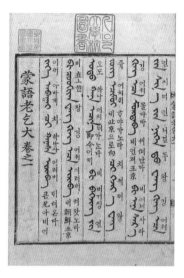

그림 4 「몽어 노걸대」, 서울대학교 규장각한국
학연구원 소장

몽어 문장을 몽골 문자로 쓰고 그 옆에 한글로 발음을 표기했으
며, 문절이 끝나는 곳에 번역문을 실었다. 몽어의 초학서로 편
찬된 것으로, 그 내용을 보면 대체로 대화체로 되었으며, 일부
권학勸學에 관한 글과 편지로 되어 있다. 이 책은 조선인에 의해
서 간행되고, 개정되었다는 점에서도 의미 있는 책이다. 조선식
몽어 공부 교재라 할 수 있다.

한편 『대전회통』에서는 『몽어유해』가 추가되었다. 『몽어유
해』는 크게 상권, 하권, 보편, 어록해로 구성되어 있다. 상권에
「천문」·「시령時令」·「지리」등 27문門 1,916항項, 하권에 「전농田
農」·「미곡」·「채소」 등 27문 1,926항, 보편에 「천문보天文補」·「시

령보時令補」 등 48문 1,475항이 실려 있어 모두 5,317항이 수록
되었다. 표제어는 중국어를 한자로 제시하고 해당 국어를 한글
(또는 드물게 한자)로 적고, 그 아래에 ㅇ표를 한 다음 몽어를 한글
로 적었다. 일종의 몽어 단어 사전이라 할 수 있다.『몽어유해』
는 1768년(영조 44) 이억성李億成이 개정, 간행했다고 하며 총 2권
2책이다. 서울대학교 규장각, 일본 도쿄외국어대학 부속도서
관에 소장되어 있다.『몽어 노걸대』,『첩해몽어』와 더불어 몽학
삼서蒙學三書로 꼽히고 있으며 한자, 몽어, 언문이 같이 실려 있
어 몽어뿐 아니라 국어와 중국어를 연구하는 데도 중요한 자료
이다.

왜학倭學

왜학 교재는『이로파』·『소식』·『서격』·『노걸대』·『동자교』·
『잡어』·『본초』·『의론』·『통신』·『구양물어』·『정훈왕래』·『웅영
기』·『잡필』·『부사』이다. 이들에 대해서 간략하게 소개해 두고
자 한다.

◎『이로파』: 초보적인 일본어 학습서로 한글로 발음이 표
기된 것 중 가장 오래된 책이다. 일본에서는 이려파伊呂波

라고도 표기하는데 똑같은 가나かな를 반복하지 않고 지은 47자의 시詩이다. 이 책은 22장으로 처음 4장에는 "伊路波 四體字母 各 四十七字"란 제목 아래 사체四體(히라가나, 두 가지의 마나, 가다가나)가 실려 있는데 일본문자를 한글로 옮겨 쓴 것이 있어 한글과 일본어 음운사 연구에 좋은 자료가 된다. 그리고 나중 18장에는 "伊路波 合用 言語格"라는 제목 아래 일본의 후문체候文體, 즉 서간문이 실려 있다. 1492년(성종 23) 간행본이 일본 향천대학香川大學 도서관에 소장되어 있다.

◎『소식』: 소식消息이란 단어는 우리나라나 중국에서 오래 전부터 알려져 왔으나 서명으로 사용된 예는 찾아보기 어렵다. 일본에서 '소식'은 초등교육 교과서의 제목으로 많이 쓰였다. 현재 일본에 알려져 있는 소식류消息類로는 『소식사消息詞』, 『소식수본消息手本』, 『운주소식雲州消息』 등이 대표적이며 현존하는 최초의 판본은 가마쿠라시대 (1185-1392) 전후로 여겨진다. 역과 사자 시험과목인 『소식』은 위의 세 책 중 하나이거나 일본 서간문을 모아서 만든 것이라 여겨진다.

◎『서격』: 일본어에서 '서격'은 글씨를 쓸 때 팔을 받치는

받침대라는 의미이다. 이러한 의미의 단어가 왜학서의 서명이었을 것 같지 않다. 그보다는 두 한자의 의미로 추측할 수 있는 '글씨체'의 의미였을 것으로 여겨진다. 일본어에서 사용되는 시격詩格, 어격語格 등의 용어가 참조가 된다. 현재 전하지 않는다.

◎『왜어 노걸대』:『몽어 노걸대』참조.

◎『동자교』: 14·15세기 이래 일본에서 초등교과서로 널리 사용되었던 책 중의 하나이다. 내용은 유교와 불교의 윤리 덕목들을 5언 174구로 기술한 것을 일본 문자로 토를 달아 놓은 책이다. 일본에 여러 가지 이본이 전하는데 그 중 가장 오래된 것은 1377년에 필사된 책이다.

◎『잡어』: 현재 전하지 않는다. 일본에『잡어집雜語集』이란 책이 보이나 이것이『잡어』와 어떤 관계가 있는지는 알 수 없다.

◎『본초』: 송나라 당신미唐愼微가 편찬한 의서醫書로 원명은 『경사증류대관본초經史證類大觀本草』이다. 본초本草란 약품을 기재한 책의 통칭으로 황제가 기백岐伯으로 하여금 일찍이 본초를 맛보아『본초경』을 짓고 의방醫方을 만들어 질병을 치료한 데서부터 유래한다. 그러나 여기서 말하

는 『본초』가 이 책의 일본어 번역판인지, 그렇지 않으면 전혀 다른 책인지는 알 수 없다. 참고로 1692년(원록 6)에 일본의 고유한 시詩의 일종인 하이가이(俳諧)로서 『본초』라는 책이 간행된 적은 있다.

◎ 『의론』: 의론이란 책명은 중국·한국·일본에서 보이지 않는다. 일본의 국서총목록國書總目錄에 『의론문답議論問答』이라는 책이 보이나 이 책이 『의론』과 어떤 관계에 있는지는 알 수 없다. 현재 전하지 않는다.

◎ 『통신』: 통신이란 책명은 중국·한국·일본에서 보이지 않는다. 일본 고서목록에 『통신고通信考』라는 책이 보이나 이 책이 『통신』과 어떤 관계에 있는지는 알 수 없다. 현재 전하지 않는다.

◎ 『구양물어』: 구양鳩養은 사기꾼이라는 뜻이고, 물어物語는 이야기라는 일본어이다. 『구양물어』는 승려, 혹은 점장이를 가장하고 이집 저집 돌아다니며 세상 이야기해 주고 비둘기 사료 값이라고 칭하며 돈을 받아 착복하는 사기꾼의 이야기를 실은 책인 듯싶다. 현재 전하지 않는다.

◎ 『정훈왕래』: 가마쿠라시대(1185-1392)부터 메이지시대

(1866-1912) 초기까지 가장 많이 유행하던 일본의 초학 교과서이다. 승려 현혜법사玄惠法師가 지었다고 하나 확실치가 않다. 일본 학자들은 이 책을 14세기 말에서 15세기 초에 간행된 것으로 추정하고 있다. 내용은 중류층의 일본 무사들이 알아 두어야 할 사항을 25통의 서간문의 형식을 통해 서술하고 있다. 1년 12개월로 나뉘어, 매달 보내는 서신과 회신받는 서신을 한 통씩 두통, 윤8월에는 한 통을 추가하여 세 통을 배분했다. 1개월에 배정된 서신 2통은 동일한 주제이다. 총 13개 주제에 관한 서간문이다. 정월은 신년 인사와 연회, 2월은 시와 노래를 곁들인 연회, 4월은 봉건 영지의 번영, 6월은 도적 토벌을 위한 출정, 8월은 사법제도와 소송수속, 11월은 질병의 치료, 12월은 지방 행정의 제도에 대해 서술하고 있다.

◎ 『응영기』: 응영應永은 일본의 후소송천황後小松天皇(1392-1410)과 칭광천황稱光天皇(1413-1428)의 연호이다. 따라서 응영應永 연간의 기록으로 내용은 전쟁터에서 쓰여진 서간문이다.

◎ 『잡필』: 일본에 전해 내려오는 『잡필왕래雜筆往來』의 약칭으로 여겨진다. 내용은 중류층 무사들의 일상생활에 관

련된 단어, 어구, 문장 등을 일정한 원칙 없이 불규칙하게 모아 놓은 것으로 한자로 기술된 내용의 오른편에 일본 문자로 토를 달아 놓은 형식이다.

◎『부사』: 일본에 전해 내려오는『부사야왕래富士野往來』의 약칭으로 여겨진다. 이 책의 내용은 부사평야富士平野의 사냥터에서 띠운 다섯 통의 편지로써 구성되어 있다. 현재 전하는『부사야왕래』는 1486년의 필사본을『소식왕래消息往來』와 함께 한 책으로 묶어져 있다.

하지만『속대전』에서는 위의 많은 교재를 다 폐지하고『첩해신어』로 대체하게 되었다. 이로써『첩해신어』는 대표적인 일본어 학습서가 된 셈이다. 역관 강우성康遇聖이 편찬한 것으로, 조선인에 의해 편찬된 일본어 학습서라는 점에서 그 의미가 크다고 하겠다.『첩해신어』는 1627년(인조 5) 역관 최학령崔鶴齡이 간행한 후, 1676년(숙종 2)에 중간重刊했다.

역관 강우성은 임진왜란 당시 포로의 한 사람으로 일본에 끌려가 10년간 억류 생활을 했다. 1601년(선조 34) 6월 포로들이 송환되었을 때, 그도 귀국했던 듯하다. 그래서 일본의 풍속을

그림 5 『첩해신어』 표지, 서울대학교 규장각
한국학연구원 소장

그림 6 『첩해신어』 본문, 서울대학교 규장각
한국학연구원 소장

잘 알고 또한 일본어에도 능통했다. 원래 주학 가문 출신이지
만, 그는 1609년(광해군 1) 증광시 역과 시험에 합격했다.

　그는 전후 다섯 차례에 걸쳐 부산 훈도訓導에 임명되어 일본
과의 통상외교 임무를 수행했다. 또한 1617년(광해군 9)과 1624년
(인조 2), 1636년(인조 14) 역관으로서 연이어 세 차례 일본에 다녀
왔다. 가의대부嘉義大夫, 가선대부嘉善大夫, 교회敎誨 등을 역임했
다. 그리고 자신의 경험을 살려서 전체 10권으로 된 『첩해신어

捷解新語』를 저술했다. 실제로 책이 간행된 것은 1676년(숙종 2)이며, 1678년(숙종 4)부터는 사역원 왜학의 시험용 교과서로 쓰였다(6장 통사 이야기 강우성 항목 참조).

형식을 보면 『첩해신어』는 서문이나 발문은 없으며, 본문은 크게 일본어를 히라가나로 쓰고 그 오른편에 작은 글씨로 발음을 한글로 적었으며 한 어구가 끝난 곳에 두 줄로 우리말의 해석을 역시 작은 글씨로 써 놓았다.

그 내용을 보면 권1-권4와 권9 전반부는 동래와 부산포의 조선 관리와 부산의 왜관에 거주하는 일본인과의 대화에서 자주 쓰이는 내용을 중심으로, 일본인의 내왕과 접대, 무역할 때 사용되는 회화들을 문답체로 엮었다. 권5-권8은 통신사 일행이 부산포를 떠나 대마도·오사카를 거쳐 에도를 다녀오는 동안에 일어난 일을 학습하기 쉽게 대화체로 엮었다. 권9 후반부는 당시 일본의 8주州의 이름과 그에 속한 66군의 내용이 수록되어 있으며, 권10은 당시 대왜관계에 쓰이던 각종 공문서나 소로문체候文體의 서간문 서식을 담았다. 권1과 권10의 권말에는 한자로 된 일본어의 난해어구를 우리말로 풀이하여 본문에 나타난 순서대로 모아 놓은 일종의 어록해語錄解가 있다.

여진학女眞學(청학淸學)

『경국대전』시대의 여진학 교재로는 『천자』·『천병서』·『소아론』·『삼세아』·『자시위』·『팔세아』·『거화』·『칠세아』·『구난』·『십이제국』·『귀수』·『오자』·『손자』·『태공』·『상서』가 있었다. 여진학은 1667년(현종 8) 청학으로 개칭되었다. 이들에 대해서 간략하게 소개해 두고자 한다.

◎『천자』: 원명은 『천자문千字文』으로 『통문관지』에는 『천자문』으로 되어 있다. 『천자문』은 사언고시四言古詩 250구句, 즉 각기 다른 천개의 글자로 되어 있는데 양나라 주흥사周興嗣가 지었다고 전한다. 『천자』는 『천자문』의 여진어 번역서로 각 글자의 뜻과 음을 여진문자로 나타낸 여진어 초학서이다.

◎『천병서』: 『통문관지』에는 『병서』로 되어 있다. 『한청문감漢淸文鑑』에는 천병天兵을 '천자지병天子之兵'이라 했는데, 이는 중국의 군대를 의미한다. 여진어 초학서이다. 이 책은 양란으로 없어진 9종의 여진학서(칠세아·천병서·십이제국·천자·귀수·손자·오자·삼세아·자시위) 중의 하나로 지금 전하지 않는다.

◎『소아론』: 조선 초기부터 있었던 여진학 초학서로『팔세아』와 함께 조선시대 전 기간 동안 여진어[청어] 시험과목이었다.『경국대전』에 나타나는 15종(소아론·칠세아·천병서·십이제국·구난·천자·귀수·태공·팔세아·손자·오자·상서·삼세아·거화·자시위)의 여진학서가 양란으로 없어진 것을 1639년(인조 17)에 신계암이『소아론』을 비롯하여『팔세아』·『구난』·『거화』·『태공상서』의 다섯 책을 다시 간행했다. 1777년(정조 1)에 김진하가『신석소아론新釋小兒論』이라는 이름으로 중간重刊했다.『소아론』은 여진어로 이야기를 적고, 오른쪽에 한글로 발음을 기록했으며, 구절 밑에 우리말로 뜻을 적었다. 그 줄거리는 황제가 순수하는 도중에 3살 된 어린아이에게 어려운 문제를 시험하여 현답을 얻는다는 내용이다.

◎『삼세아』: 여진학 초학 교과서이며, 양란으로 없어진 9종의 여진학서 중의 하나로 현재 전하지 않아 그 내용은 알 수 없다.『소아론』과 마찬가지로 짧은 동화였을 듯하다.

◎『자시위』: 여진학 초학 교과서이며, 양란으로 없어진 9종의 여진학서 중의 하나로 현재 전하지 않아 그 내용은 알 수 없다.

◎ 『팔세아』: 초학서로 양난 때 소실되자 1639년(인조 17) 신계암이 재간행했다. 1777년(정조 1) 검찰관 지중추부사 김진하와 서사관書寫官 사역원 판관 장재성張再成 등이 개간했다. 본문은 행의 왼쪽에 만주어를 적고, 오른쪽에 한글로 발음을 적었다. 또한 한 문장이 끝나면 아래에 한글로 해석을 적었다. 내용은 짧은 동화로, 옛날 한나라 시절에 8살 아이가 과거 시험장에서 황제가 묻는 모든 어려운 질문들에 능숙하게 답변하여 수천 명의 응시자 중에서 뽑혀 후에 명재상이 되었다는 것이다. 『삼역총해』, 『청어노걸대』, 『소아론』과 함께 조선시대 여진어 학습의 주교재였다.

◎ 『거화』: 거화去化라는 명칭은 여진어의 한문전사漢文轉寫인데 그 뜻이 무엇인지는 알 수 없다. 일명 『거화巨化』라고도 했다. 양란으로 없어진 것을 1639년(인조 17)에 신계암이 다시 간행했다. 1684년(숙종 10)에 『신번노걸대新飜老乞大』와 『삼역총해三譯總解』가 출간되자 이 책은 시대에 맞지 않는다고 하여 여진어 학습서에서 제외되었다.

◎ 『칠세아』: 여진어 초학서로 양란으로 없어진 9종의 여진학서 중의 하나로 지금 전하지 않아 그 내용은 알 수 없

다. 『소아론』·『팔세아』처럼 동화를 내용으로 한 것이 아닌가 여겨진다.

◎ 『구난』: 『원조비사元朝秘史』속에 잘 보이는 인명으로 이와 관련이 있다고 추측된다. 양란으로 없어진 것을 1639년(인조 17)에 신계암이 다시 간행했으나, 1684년(숙종 10)에 시대에 맞지 않는다 하여 폐기되었다.

◎ 『십이제국』: 양란으로 없어진 9종의 여진학서 중의 하나로 지금 전하지 않아 그 내용은 알 수 없다. 책명이 춘추시대의 십이열국十二列國과 비슷하여 아마도 이에 관한 이야기를 수록한 것이 아닌가 한다.

◎ 『귀수』: 책명 귀수는 여진어를 한자로 음사音寫한 것으로 보인다. 양란으로 없어진 9종의 여진학서 중의 하나로 지금 전하지 않아 그 내용은 알 수 없다.

◎ 『오자』: 중국 전국시대의 오기吳起가 편찬했다고 하는 병서兵書로 상·하 1권 6편으로 무경칠서武經七書에 포함되어 있다. 권상卷上에 도국圖國·요적料敵·치병편治兵篇이, 권하卷下에 논장論將·응변應變·여사편勵士篇이 수록되어 있다. 예의를 존중하고 교훈을 밝혔으며 선왕先王 절제節制의 유풍이 있어 병가兵家의 책이면서도 유가儒家의 논설에 가깝

다. 이 책은 조선 전기에 여진어 학습서로 활용되었으나 임진왜란 이후에 없어져 전하지 않는다.

◎ 『손자』: 주나라 손무孫武가 편찬한 병서兵書이다. 1권 상·중·하로 내용은 13편으로 구성되어 있다. 오자와 함께 무경칠서의 하나이다. 권상에는 시계始計·작전作戰·모공謀功·군형軍刑·병세兵勢 등 5편이, 권중에는 허실虛實·군쟁軍爭·구변九變·형군刑軍 등 4편이, 권하에는 지형地形·구지九地·화공火攻·용간用間 등 4편이 수록되어 있다. 이 책은 전쟁의 전술뿐 아니라 제후의 내치·외교·국가경영의 비결·승패의 비기·인사의 성패 등에 대해서도 언급되어 있다. 중국서의 여진어 번역서 목록인 『요금원문예지遼金元文藝志』에 『여진자손빈서女眞字孫臏書』가 보이는데, 이 책은 손빈孫臏이 지은 병법서를 여진어로 번역한 것으로 여겨진다. 현재 전하지 않는다.

◎ 『태공』: 주나라 여상呂尙이 편찬했다고 하는 『태공육도太公六韜』를 가리키는 것으로 여겨진다. 이 책의 여진어 번역본은 여진어 학습서로 활용되었다. 중국서의 여진어 번역서 목록인 『요금원예문지遼金元藝文志』에 보이는 『여진자태공서女眞字太公書』가 『태공』의 여진어 번역본일 것

이다. 참고로 『통문관지』에는 여진학 시험과목이 14책으로 『태공상서太公尙書』를 한 책으로 보고 있어 두 책인지 한 책인지에 대해서는 논란이 있다.

◎ 『상서』: 『서경書經』을 말한다. 여진어 번역본은 여진어 학습서로 쓰였다. 양란으로 없어진 것을 1639년(인조 17)에 신계암이 다시 간행했다. 참고로 『통문관지』에는 여진학 시험과목이 14책으로 『태공상서』를 한 책으로 보고 있다. 만약 『태공상서』가 한 책이라면 『상서』는 『서경』의 여진학 번역본이 아닐 수도 있다. 신계암이 『태공상서』를 개간改刊하고 있는 것을 보면 그러한 의혹이 더욱 짙다.

그런데 『속대전』에서 청학은 『팔세아』·『소아론』·『노걸대』·『삼역총해』만 두고 나머지는 폐지되었다. 『팔세아』는 초기부터 있던 여진학 초학서로 『소아론』과 함께 조선시대 계속 여진학[청학] 시험과목이었다. 임진왜란·병자호란으로 없어진 것을 1639년(인조 17)에 신계암이 다시 간행, 1777년(정조 1)에 김진하가 중간重刊했다. 『소아론』은 여진어로 이야기를 적고, 오른쪽에 한글로 발음을 기록했으며, 구절 밑에 우리말로 뜻을 적었

그림 7 『팔세아』 표지, 서울대학교 규장각한
국학연구원 소장

그림 8 『팔세아』 본문, 서울대학교 규장각한
국학연구원 소장

다. 내용은 짧은 동화이다. 『삼역총해』는 『삼국지』를 여진문자
로 번역한 것으로 한글로 음과 뜻을 기록했다. 1680년(숙종 6) 민
정중閔鼎重이 사역원 제조로 있을 때 편집된 것으로 1703년(숙종
29) 박창유朴昌裕·오정현吳廷顯 등이 이를 간행했다. 1774년(영조
50) 지중추부사 김진하가 다시 교정하여 사역원 제조 김상철金尙
喆이 재간행했다.

　　청학 교재 역시 크게 줄었으며, 조선 후기에는 『팔세아』·『소

그림 9 『소아론』 표지, 서울대학교 규장각한
국학연구원 소장

그림 10 『소아론』 본문, 서울대학교 규장각한
국학연구원 소장

아론』·『노걸대』·『삼역총해』가 통용되었다. 여진족이 세운 청나
라였지만, 조선의 외교에서는 역시 한학이 기본이었다. 명·청
교체 이후에도, 한어가 계속 사용되었다. 청나라는 만주인과 한
인을 같이 등용했으며, 한어를 공용어로 택했다. 그래서 한학은
계속 우위를 차지할 수 있었다. 한학의 우위는 제도적으로도 보
장되어 있었다. 역과에서도 한학 전공자를 장원壯元으로 삼았다
(『통문관지』 권2, 과거).

외국어 학습법

그러면 외국어는 어떻게 공부했을까? 바꾸어 말하면 외국어는 어떻게 시험을 치렀을까? 크게 강서講書, 사자寫字, 역어譯語 세 가지 방법이 있었다. 한학의 경우에만 강서 시험을 보았다. 몽학·왜학·여진학(청학)과 같은 사자 시험은 없었다. 조선에서도 통용되고 있던 한자였던 만큼 필요하지 않았을 것이다. 한편 몽학·왜학·여진학(청학)은 강서는 없었으며, 사자와 역어 시험을 봤다. 그러니 시험방식에 맞춰서 공부도 그렇게 했을 것이다.

강서講書

강서는 배송背誦과 임문臨文이 있었다. 배송은 책을 보지 않고 외우고 강독하는 것이며, 임문은 책을 보고 강독하는 것이다. 배송은 임문에 비해 보다 비중이 높은 시험과목에 활용되었다.

이미 지적했듯이 한학에서만 사서四書(『논어』·『맹자』·『대학』·『중용』)를 보고 강독하게 했다. 『노걸대』·『박통사』·『직해소학』은 배송하게 했다. 『노걸대』는 중국어 회화책이라 할 수 있다. 중국 북부 지방을 여행하는 고려인과 중국인이 나누는 대화체로 되어 있다. 압록강을 건너 북경까지 가는 노정路程에서 경험하는 일들을 중국인과 대화하는 형식으로 서술한 것이다. 이 책이 몽어와 왜어로 번역되었다는 사실은 특기할만한다. 『박통사』는 북경에서 생활하는 데 필요한 여러 지식을 담고 있다. 의례적인 표현, 상급자가 하급자에게 발화하는 2인칭 명령형도 등장하며, 사설체도 실려 있다.

강서에서는 역시 사서四書와 『노걸대』·『박통사』가 일관되게 핵심적인 학습서였다고 할 수 있다. 다만 네 번째 학습서는 시대에 따라 『직해소학』→『오륜전비』[『속대전(1746)』]→『역어유해』[『대전회통(1865)』]로 변화하는 모습을 보여 주었다.

사자寫字

몽학, 왜학, 여진학(청학)은 사자寫字를 실시했다. 사자는 글씨를 베껴 쓰는 것이다. 한학은 굳이 사자할 필요가 없었다. 몽학, 왜학, 여진학의 외국어 학습서가 크게 줄었으므로, 사자의 대상이 되는 외국어 학습서 역시 크게 줄어들었다.

몽학의 경우 『몽어 노걸대』, 『첩해몽어』, 『몽어유해』의 이른 바 몽학삼서蒙學三書로 정리되었다. 왜학의 경우 많은 일본어 학습서들이 폐지되고, 역관 강우성이 편찬한 『첩해신어』로 압축되어 그대로 유지되었다. 교정과 중간 작업이 이루어진 것을 통해서 일본어 학습서로서의 『첩해신어』의 위상은 확고부동했음을 알 수 있다. 여진학의 경우 역시 학습서가 크게 줄었으며, 『팔세아』·『소아론』·『노걸대』·『삼역총해』가 통용되었다. 여진족이 세운 청나라였지만, 공식적으로는 한어가 계속 사용되었다.

역어譯語

갑국의 언어나 문자를 을국의 언어로 번역해 의사를 전달하는 것을 역어라 한다. 역어는 네 외국어 모두에 적용되었다. 역어의 텍스트는 『경국대전』이었다. 『경국대전』 조문을 보면서 그것을 해당 외국어(한어, 몽어, 왜어, 여진어)로 번역하도록 했다. 실제로 통역이 가능한지 시험해 보는 것이다.

덧붙여 두자면 의학, 음양학, 율학 시험의 경우에도 『경국대전』을 보고 강독하도록 했다. 『경국대전』은 잡학 교육의 공통 과목이었던 셈이다. 역관을 비롯한 잡학 교육에서도 행정법적 지식과 소양이 필요했음을 말해 준다고 하겠다.

이제 전체적인 이해를 돕기 위해서 지금까지 외국어 교재와 공부 방식에서 논의한 것들 중에서 중요한 점을 정리해 두고자 한다.

첫째, 시대의 흐름과 더불어 시험 학습서의 변화가 나타난다는 점이다. 특히 전반적으로 시험 학습서 숫자가 크게 줄어드는 경향을 보여 준다(한학의 경우 네 과목 유지). 이는 임진왜란, 병자호란 등을 거치면서 많은 서적이 분실된 탓도 있겠지만, 나름대로 시대의 변화를 반영하고 있다고 볼 수도 있겠다. 글자의 음과 뜻音義이 변하여 당시 사정에 맞지 않게 된 측면도 없지 않았다.

둘째, 외국어별로 조선인에 의해서 편찬되는 외국어 학습서가 등장하고 있다는 점이다. 이는 조선 방식으로 만든 외국어 텍스트를 통해서, 그 당시 상황에 맞추어 외국어를 공부하게 되었음을 말해 준다.

셋째, 외국어 공부 방식에서는 강서, 사자, 역어 세 가지가 있었다. 강서에는 배송과 임문이 있었다. 그런데 한학에만 강서가 있었다. 대신 한학에는 사자가 없었다. 역어는 네 외국어 모두에 적용되었으며, 주요 텍스트는 『경국대전』이었다.

4

시험과 선발
그리고 진로

이 장에서는 외국어 시험과 선발 그리고 그들의 진로에 대해서 살펴보고자 한다. 시험은 크게 사역원 내에서 이루어지는 시험과 과거제의 일환을 이루는 역과 ― 잡과의 일환을 이룬다 ― 로 나누어 볼 수 있다. 과거라는 범주에 속하는 역과야말로 외국어시험의 절정이라 할 수 있다.

　역과에 합격했다 하더라도 특정한 직무를 맡기 위해서는 계속해서 시험을 치러야 했다. 아울러 역과에서 외국어 기능이라는 특성상 실력 있는 자만 선발한다는 원칙이 잘 지켜지고 있었다는 점 역시 주목할 만하다. 구체적으로 어느 정도 지켜졌을까. 그렇게 시험을 거쳐서 선발된 자들은 어떤 삶을 꾸려 갔을까. 그들의 진로에 대해서도 논의하고자 한다.

사역원 내에서의 시험

2장에서 본 것처럼 10대 초반이라는 어린 나이에 천거, 서경, 직입 등의 정해진 절차를 거쳐서 사역원에 역학생도로 '입속'했다고 모든 것이 끝나지 않았다. 그야말로 시작일 뿐이다. 예차생도豫差生徒 혹은 실차생도實差生徒로서의 그들은 외국어 공부를 열심히 해야만 했다. 하지만 열심히 공부하는 것으로는 끝나지 않았다. 다양한 성격과 형태의 시험이 그들을 기다리고 있었다. 그들은 끊임없이 시험을 치러야만 했다. 그 시험의 성격과 내용에 따라 다양하게 분류할 수 있겠지만 크게 사역원 내에서의 시험과 역과로 나누어 접근하고자 한다. 사역원 내에서 치러지는 시험으로는 1)원시院試, 2)취재取才, 3)고강考講을 들 수 있다(정광 2014). 이들에 대해서 그 시험이 갖는 속성과 특징에 대해서 간략하게 살펴보고자 한다.

원시院試

원시는 대체로 두 가지 의미를 지니고 있다. 우선 ① 사역원에서 시행하는 '회화 능력 시험'을 말한다. 외국어에서 말하기, 회화의 중요성은 아무리 강조해도 지나치지 않는다. 설령 외국어를 잘한다 하더라도 말을 하지 못하면 무슨 소용이 있겠는가.

『통문관지』 권2, 권장 원시조에는 이런 문구가 보인다. "가정 계축년(1553) 사역원에서 작성한 초기草記에 따르면 화인華人과 서로 접할 때 언어가 가장 중요하며 문자는 그다음이라 한다. 늘 읽는 책으로 정하는 고강 점수를 제외하고 매번 두 사람이 짝을 지어 한어를 강론講論하는 것, 그것을 원시라 한다."

다음으로 원시에는 ② 녹직취재祿職取才에 응시할 수 있는 자격을 얻는 시험으로서의 의미도 있었다. 녹직취재는 녹봉이 있는 관직을 주기 위해 실시한 시험으로 1년에 2번 또는 4번 예조에서 시행했다. 『수교집록受教輯錄』 권3 예전 권장 명종 8년(1553)에는 이에 대해 다음과 같이 적혀 있다. "역관들이 교재를 읽고 이를 평가하는 방법은 고강 이외에 매번 두 사람이 짝을 지어 강론한다. 한 번 시험에 3분分 이상을 받은 자는 녹직취재에 시험을 보도록 허가한다. 점수가 같은 자는 역시 언어 점수를 먼저 계산한다."

이 같은 두 측면을 연결하면 녹봉을 주는 관직에 나아가기 위해서는 먼저 외국어 회화능력을 갖추어야 한다. 그것이 입증되어야 한다. 어떻게 보면 자연스러운 듯하다. 이들 두 측면이 원시의 가장 본질적인 속성이라 할 수 있지 않을까. 다시 말해서 녹봉을 주는 관직으로 나아가기 위해서는 반드시 넘어서야 할 시험이 원시인 셈이다. 일종의 예비시험인 셈이다. 그 핵심은 외국어 회화 능력이다.

그처럼 중요한 원시는 일 년에 네 차례(봄, 여름, 가을, 겨울)에 걸쳐서 실시되었다. 시험과목과 방법은 봄과 가을이 같고, 여름과 겨울이 같다. 감독관은 사역원 한학 겸교수 1명과 훈상당상 2명이었다.

취재取才

취재는 "그 재주를 시험하여 사람을 뽑는 것"을 말한다. 흔히 과거에 대비되면서 짝을 이루는 형태로, 취재와 과거를 통해서 인력이 충원되었다. 사역원에서의 취재는 세 종류가 있었다. ① 녹직취재祿職取才 혹은 녹취재祿取才, ② 부경취재赴京取才, ③ 위직취재衛職取才가 그것이다.

① 녹직취재는 녹봉이 있는 관직을 주기 위해 실시하는 시험, 1년에 2번 또는 4번 예조에서 행하는 시험이다. 여기에 응시하기 위해서는 일정한 자격을 갖추어야 했다. 『통문관지』권2, 녹취재조에 따르면, "매번 도목을 정할 때 2차 원시가 끝난 다음 3분 이상을 받고 6개월을 근무한 자"라야 했다. 6개월을 근무해서 녹직 후보 명단에 오른 사람 중에서 2차 원시에서 3분

이상의 점수를 얻어야 했다.

시험관은 제조 1명과 예조의 당상, 예조에서 함께 시강試講하도록 했다. 전공 역학서를 읽고 해석하는 방식으로 시험을 치렀다. 녹직취재에서는 녹관 11명을 선발했다(한학 7명, 몽학과 왜학 각 1명, 청학 2명). 선발 기준은 취재 성적이 우선이며, 이어 원시 성적, 차례의 순서, 그간의 녹봉의 많고 적음 순이었다.

② 부경취재는 한학의 차상통사, 몽학의 압물, 청학의 원체아 등, 부경역관을 선발하는 것을 말한다. 사행에 따라가는 역관을 선발하는 시험인 셈이다. 역시 역관들의 관심이 집중되었을 법하다. 1720년(숙종 46)까지는 고강과 취재 성적으로 선발했으나, 이후 어느 시점부터 근무 순서대로 파송되면서 형식적인 시험처럼 되어 버렸다. 『통문관지』 권2, 부경취재조에는 다음과 같이 적혀 있다. "취재에서 둘로 나누어 원시와 고강의 규칙을 쓰지 않고 하나로 하여, 근무 기간에 따라서 사행에 보내게 된 것이 언제부터인지 알 수 없다."

③ 위직취재는 사역원의 외임外任, 즉 지방관원의 위직을 선발하는 것이다. 사역원 위직은 『경국대전』에서는 11자리였으나 『통문관지』에 이르러서는 32자리로 늘어났다. 그런데 그중에서 15자리는 전례典例에 따라서 부여되었다. 훈상당상 10자리 (한학 6, 청학 2, 왜학 2), 사학四學 상사당상 3자리, 훈장訓長 2자리(한

학 1, 청학 1). 역시 한학이 우세하고 청학이 그 뒤를 잇는다. 나머지 17자리 중에서 한학교회 2자리는 서도고강書徒考講 점수에 덧붙여 주었다. 결국 전례가 17자리, 위직취재는 남은 15자리를 선발하는 것으로 된다. 전례에 따라 주는 자리가 취재보다 많고 내역에서도 상위직을 차지하는 현상이 나타났다. 취재의 중요성이 상대적으로 덜해진 것이다.

고강考講

고강은 그 대상에 따라서 ① 서도고강書徒考講과 ② 이륙고강 二六考講으로 나누어진다.

① 서도고강은 한학교회, 연소총민, 우어별체아의 역관들을 대상으로 하는 시험이며, 네 계절의 마지막 달(사계삭四季朔) 3월, 6월, 9월, 12월에 실시했다. 시험 서적과 방법은 대상에 따라 달랐다. 서도고강은 배강背講을 하는 본업本業과 임강臨講을 하는 경經·사史로 나누어진다. 본업은 전공으로, 해당 외국어 교재로 배강 형식으로 시험을 치렀다. 경은 사서四書, 시전詩傳, 서전書傳, 호전胡傳, 춘추春秋를 공부했으며, 사史는 통감通鑑, 송감宋鑑을 학습했다. 경사는 나중에 사서, 시전, 서전, 통감으로 간략화되었다.

그런데 부경역관을 선발하는 방식이 서도고강의 점수 기준이 아니라 근무 년 수에 따라 선발하는 종사차송從仕差送으로 바뀜에 따라서 서도고강의 비중은 약화되지 않을 수 없었다(『통문관지』 권2, 권장 서도고강).

② 이류고강은 매월 2일, 12일, 22일과 6일, 16일, 26일, 그러니까 한 달에 여섯 번 실시되었다. 이류고강의 해당 범위는 서도고강에 비해서 훨씬 넓었다.(『통문관지』 권2, 권장 이류고강)

우선 한학을 보면 상통사, 차상통사, 압물통사는 매월 2일 문어文語[글과 말] 시험을 치렀다. 연소총민은 12일 매 분기에 읽어야 하는 2책으로 시험을 보았다. 연소총민은 서도고강도 해야 했으므로, 이류고강에서 제외되었다(1697년 이후). 한학 우어별체아는 매월 2일 『역어유해譯語類解』 3장, 문어 시험과 아울러 2책으로 시험보았다. 하지만 역시 서도고강을 하므로 초하루에 하는 삭강朔講은 폐지되었다. 몽학의 원체아, 별체아는 12일 각각 문어 시험을 치렀는데, 1783년(정조 7) 「물명物名」 3장으로 대체되었다. 청학 상통사, 피선별체아, 신체아 등은 22일 문어 시험을 치르다 「물명」 5장으로 바뀌었다. 왜학 교회와 연소총민은 6일 각각 문어 시험을 치렀다.

지금까지 살펴보았듯이 사역원에서는 다양한 형태와 종류의 시험이 치러지고 있었다. 하지만 그런 시험들의 목적과 성격은 조금씩 달랐다. 원시나 고강(서도고강과 이육고강)은 생도의 외국어 수준과 능력을 평가하기 위한 시험이라면, 녹직취재·부경취재·위직취재는 녹봉이나 관직 취득을 위한 시험이라 할 수 있다.

역과와 선발 인원: 실력 있는 자만 선발하라

역과는 과거(잡과)의 일환을 이룰 뿐만 아니라 사역원 외국어 교육의 대미로서 모든 역관이 마지막으로 치러야 하는 외국어 실력의 평가이다. 따라서 역학생도로써 열심히 익힌 외국어가 빛을 발하기 위해서는 역과를 치러야 했고, 실제로 외국어를 전문 직업으로 하기 위해서는 그 시험에 합격해야 했다. 역과 합격은 외국어 전문 인력, 즉 역관으로서의 입지를 보장해 줄 뿐만 아니라, 고위직 역관으로 진출할 수 있는 가능성까지 담보해 주었다. 중국 사행이나 사역원의 종6품 이상 참상관으로 승급하기 위해서는 반드시 역과시험에 합격해야 했다(『경국대전』, 『속대전』, 『통문관지』 등 참조).

역관들에게 역과 합격은 양반 사회에서 문과 급제가 차지하고 있는 비중과 같은 의미를 지니고 있었다. 하지만 과거제 내에서는 부차적인 지위에 머물 수밖에 없었다. 양반 체제하에서 과거제는 문과·무과·생원진사시, 특히 문과가 그 핵심을 이루고 있었기 때문이다. 국가에서 역학의 기능까지 부인하지는 않았다. 실록 등에서는 그 직능職能의 중요성을 누차 강조하고 있음을 알 수 있다. 그 직능의 중요성은 인정하지만, 사회적 평가는 문·무과에 비해 낮을 수밖에 없었다.

따라서 역과는 다른 과거에 비해서 그 운영에서도 특이한 일면을 지니고 있었다. 운영에서 문무과와는 달리 전시가 없이 초시와 복시에 의해 이루어졌다는 점, 그리고 종류에서도 3년마다 실시하는 식년시와 특별시험으로 증광시와 대증광시가 있을 뿐이다.(『경국대전』, 『속대전』, 『대전통편』, 『대전회통』 등 법전의 이전 및 예전 제과조 ; 병전 시취 및 무과조.) 그리고 『경국대전』에서 정해진 선발 인원은 1894년(고종 31) 과거제가 폐지될 때까지 유지되었다. 선발 인원은 식년시와 증광시가 동일했다. 시험과목도 같았다.

역관에 관한 연구는 역과 합격자 명부 『역과방목譯科榜目』을 통하여 이루어졌다. 역과방목에 주목한 이유는, 실록 등의 연대기 자료에서는 관련 자료를 찾기가 쉽지 않다는 점 때문이다. 역과방목은 합격자들의 신분과 가족 상황 등 사회적 지위와 배경을 알 수 있는 많은 정보를 수록하고 있다. 문과, 무과, 생원진사

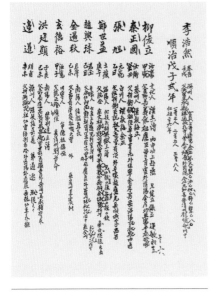

그림 11 「상원과방」, 하버드옌칭도서관 소장

그림 12 「역과방목」, 서울대학교 규장각한국학 연구원 소장

시 방목에서는 쉽게 접할 수 없는 조부, 증조부, 외조부, 처부, 처조부, 처증조부, 처외조부, 형제 등 가계 이력에 관한 정보가 풍부하게 기재되어 있기 때문이다. 시기적으로 15세기 말(1498)부터 19세기 말(1894) 과거제 폐지에 이르기까지 약 400년에 걸친 광범한 자료가 남아 있다.

이남희(1999)에 따르면, 역과는 1399년(정종 1)부터 1894년(고종 31) 갑오경장으로 폐지될 때까지 5백 년간 유지되었으며, 총

233회(식년시 164회, 증광시 69회) 실시되었다. 식년시가 70.4%로 증광시 29.6%에 비해 월등히 높은 비중을 차지한다. 전체적으로 3년 1회라는 원칙이 지켜졌지만 국가에 변란이 있거나 특별한 사유가 있을 경우에는 실시되지 않거나 또 시험이 그 다음 해로 연기되기도 했다. 1594년(선조 27), 1597년(선조 30), 1636년(인조 14)은 식년시가 실시되어야 할 해이나 그러지 않았다. 선조 때의 2회는 임진왜란으로, 그리고 인조 때는 병자호란으로 국가가 전쟁이라는 위급한 상황에 놓여 있었기 때문에 실시되지 않았다.

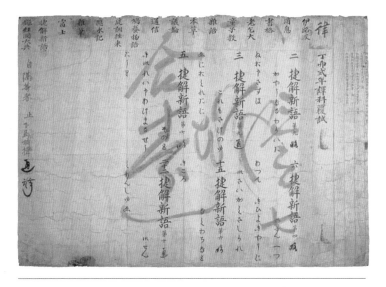

그림 13 「역과 시권」, 일본어 답안지, 국사편찬위원회 소장

그림 15 「김인즙 역과 백패」, 서울역사박물관 소장

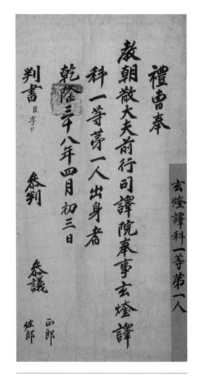

그림 14 「김인즙 역과 백패」, 국사편찬위원회 소장

정기적인 시험으로서의 식년시와 특별한 경우에 시행하는 증광시 실시라는 측면에 초점을 맞춘다면, 역과는 그 원칙에 따라 충실하게 실시되었다. 그래서 조선 후기라고 해서 특별히 달라진 것은 없다. 식년시와 증광시 실시는 문, 무과와 다르지 않았지만, 문과나 무과에서 빈번하게 실행되곤 하던 각종 별시(황감제, 알성시, 춘당대시, 절일제 등)가 시행되지 않았다는 점이다. 역과의 경우 증광시가 유일한 특별시험이라고 할 수 있다.

그러면 초시와 복시에서 어느 정도의 인원을 선발했는가. 『경국대전』에 의하면, 초시에서 57명을 선발하고, 이어 복시에서 19명을 선발했다. 역과의 한학을 제외한 나머지 몽학, 왜학, 여진학은 모두 초시에서 복시 인원의 2배수를 선발했다. 역과 내에서는 한학의 비중이 컸다. 초시 선발 인원 57명 중 45명이 한학으로, 초시 인원의 78.9%를 차지할 뿐 아니라 복시에서의 경쟁률도 3.5:1로 높았다. 중국에 대한 외교의 중요성으로 인해 한학은 역과 내에서 가장 중요시되었다. 명나라 멸망 후 청나라가 들어선 후에도 마찬가지였다. 합격자 정원을 정리하면 【표 4】와 같다.

과목		초시	복시	주관 관서
역과	한학	45	13	사역원
	몽학	4	2	
	왜학	4	2	
	여진학[청학]	4	2	
총 계		57	19	

※『속대전』, 『대전통편』, 『대전회통』의 정원은 『경국대전』과 같다.

표 4 　역과 합격 정원과 주관 관서 (『경국대전』)

여기서 먼저 지적하고 싶은 것은, 초시와 복시를 거치는 선발 방식이나 선발 인원이 식년시나 증광시가 동일했으며, 1894년 과거제가 폐지될 때까지 그대로 유지되었다는 점이다. 국가의 경사가 겹치는 대증광시에서는 더 많은 인원을 뽑았다. 대증광시는 초시에 각 과 전공별로 4명, 복시에서는 2명을 더 선발하여, 역과 27명을 선발했다.

하지만 변화가 없지는 않았다. 그것은『대전회통』에 와서 음양과 명과학命課學의 정원이 2명에서 4명으로 증가했다.(『대전회통』권3, 예전 제과) 조선 후기 시헌력을 기반으로 한 명과학의 수요가 증가하면서 천문天文·지리地理·역수曆數 등의 일을 담당하는 음양관의 역할이 증대된 것과 관계가 있다. 잡과 내에서의 위상은 1777년(정조 1)까지 역과가 으뜸이었으나『대전통편』에서 음양과로 수위首位가 바뀌었다.(『대전통편』권3, 예전 제과) 그 시대의 상황과 무관하지 않았다. 그것은 기능技能을 중시하는 잡과의 근본 취지에 맞기도 했다.

그런데『잡과방목』을 분석해 보면(이남희 1999),『경국대전』의 법규대로 19명을 선발한 경우는 드물었으며, 대체로 19세기 이전까지는 정원에 미치지 못했다는 점이 드러났다. 정원을 다 채우지 않았다는 것이다.

재위 기간이 가장 긴 영조 대의 경우 52년 동안 504명의 역과 합격자가 배출되었다(참고로 다른 잡과를 보면 의과 230명, 음양과 163명, 율과 123명이다). '과연 이 인원으로 기술직을 유지할 수 있었을까?' 하는 의문이 제기될 수 있겠다. 통역 업무를 담당했던 역관의 경우 연평균 10명을 선발하여 그 업무를 감당할 수 있었을까 하는 점이다. 『통문관지』서문을 보면 "사역원에 한학, 몽학, 왜학, 청학의 4학이 있어서 그 청을 만든 것이 모두 34개이고, 관원은 모두 6백여 명"이라 했다. 역과 합격자는 그들 중에서 과거 시험을 통해 선발된 엘리트 행정 관료층이다. 이는 역과 합격자들의 전력이 전·현직 관료들이었다는 점에서도 뒷받침된다.

실제로 역학에 종사한 사람들은 천거나 취재를 통해서 충원되었다. 그들은 체아직 등으로 역학에 종사하면서 경력을 쌓아 실력을 양성해서 역과에 응시했다. 여기에 역과의 위상과 특성이 있다.

이는 잡학의 특성상 정원에 구애받지 않고서 그 기능이 우수한 자들을 뽑았기 때문이다. 1777년(정조 1) 역과를 실시하기에 앞서 다음과 같이 하교했다.

"명색이 과시科試인데 정과正科와 잡과에 어찌 차이를 둘 수 있겠는가? 천상天象을 미루어 관측하고, 지리地理

를 연구하여 밝히며, 어약御藥을 조제하여 짓고, 법률을 평반平反하며, 역관이 외국어를 잘하고, 역법曆法을 훤히 알고 있는 이 몇 가지는 참으로 잡과라고 해서 소홀히 여겨서는 안 되는 것이다. 근래 이래로 법기法紀가 쓸어버린 듯이 없어져 시험을 관장하는 신하가 이를 기화로 자신의 사욕을 채우고 과거에 응시하는 자들은 요행을 바라고 있다. 그리하여 어의이면서도 어약에 대해 아는 것이 없고 통사通事이면서도 통역을 할 줄 모르는 지경에 이르렀는데 이는 내가 직접 목격한 일이니, 이밖에 일도 미루어 알 수 있다. 잡과의 초시를 내일 설행하기로 결정하였다고 하는데 각 해당 관청에 엄히 신칙하여 고시를 공정하게 하고 등제等第를 엄하게 하여 전처럼 난잡한 일이 없게 하라. 원액元額에 차지 않더라도 재주가 우수한 사람을 뽑도록 하라." 하였다.

－『정조실록』권1, 정조 1년 3월 11일(임오)

그해(정조 1)에는 역과가 2차례 실시되었다. 증광시에는 14명, 식년시에는 13명으로 합격 정원(19명)의 2/3 정도를 선발했다.

좀 더 구체적으로 역과 선발 인원의 추이를 살펴보기로 하

자. 시험당 평균 몇 명을 선발했는가, 또 선발 인원은 시기별로 어떤 추세를 보이는가, 그리고 각각 식년시와 증광시 합격자의 비율은 어떠했는가 하는 점이다. 역과 1회 평균 선발 인원을 왕대별, 시기별로 보면 【표 5-6】과 같다.

왕대	식년시	증광시
연산군	18.0	
중종	15.3	
명종	11.7	
선조	5.7	(1.3)
광해군	3.3	9.0
인조	12.2	10.8
효종	13.0	9.5
현종	16.0	18.5
숙종	18.3	19.3
경종	17.0	23.0
영조	18.4	24.0
정조	15.5	19.7
순조	18.3	18.8
헌종	19.0	15.3
철종	19.5	19.0
고종	27.8	42.0

표 5 역과 왕대별 평균 선발인원

시기	식년시	증광시
16세기 전반	14.4	
16세기 후반	6.0	(1.0)
17세기 전반	9.5	8.3
17세기 후반	16.7	18.0
18세기 전반	18.2	20.7
18세기 후반	17.1	22.7
19세기 전반	18.5	17.7
19세기 후반	25.4	36.3

표 6 역과 시기별 평균 선발인원

19세기 이전까지는 정원(19명)에 미치지 못하다가 19세기 전반에 들어서 대체로 법정 정원이 지켜진 것을 알 수 있다. 그러다 19세기 후반이 되면 역과에서도 선발인원이 늘어나, 식년시 평균 25.4명, 증광시 36.3명이다. 이는 합격정원 19명보다 식년시는 6.4명, 증광시는 17.3명이 많은 것이다. 이 시기는 바로 고종 대로서, 19명인 역과 정원이 62명까지 선발한 경우도 있다. 평균 선발 인원이 식년시 27.8명, 증광시 42.0명으로 각 왕대에서 가장 많다. 법정 선발 인원은 같았지만 식년시와 증광시의 1회 평균 선발 인원에서는 약 14명 차이가 있다. 증광시가 매회 식년시에 비해 합격자를 많이 뽑았음을 알 수 있다. 이는 백성을 위무하는 하나의 방편으로 이용된 면이 없지 않다. 『고종실록』 고종 8년(1871) 1월 28일(무오)에 실린 의정부에서 올린 글에서도 드러나고 있다. "과거시험을 보여 고무 격려하는 것은 요새지를 중시하고 방어를 든든히 하는 방도인 만큼 도움이 큽니다".

19세기 후반에 들어서 선발 인원이 늘어난 것은 역과 운영 체제의 이완에 기인한다. 일정한 자격을 갖추고 있거나 특별시험에 합격한 사람들에게는 시험을 생략하고 곧바로 복시에 응시할 수 있게 해준 직부直赴, 점수는 같으나 합격하지 못한 사람을 나중에 다시 합격시켜 주는 추부追付 등이 시행된 것이다. 하지만 설령 그렇다 할지라도 법정 인원 보다 약 10명 정도 많아지는 수준의 그것 정도에 지나지 않았다.

역관의 진로와 삶

역과 선발 정원은 19명으로 식년시와 증광시가 동일했다. 1894년(고종 31) 과거제가 폐지될 때까지 그대로 유지되었다. 다만 국가 경사가 겹쳐서 시행하는 대증광시에서는 더 많은 인원을 뽑았다. 초시에 각 과 전공별로 4명, 복시에서 2명을 더 선발하여 27명을 선발했다. 합격자에게는 예조인印이 찍힌 백패白牌를 수여한 뒤 등위에 따라 품계를 수여했다. 1등은 종7품, 2등은 종8품, 3등은 종9품계를 받았으며, 이미 품계를 가진 자에게는 1계를 더 올려 주고, 올린 품계가 응당 받아야 할 품계와 같을 경우에는 또 1계를 올려 주었다. 1등은 해당 아문에 서용하고 2등과 3등은 해당 아문의 임시직인 권지權知에 임명했다.

그러면 역과 합격한 경우 어떤 관직까지 올라갈 수 있었는가. 법규상으로 역과 중인들은 당상관으로 승진할 수 없었다. 하지만 당상관에 오른 실제 사례가 없지 않았다. 이들의 고품계화는 빈번하게 조정의 논란을 불러왔다. 중인들의 고품계화에 대해서 제동을 건 것이다. 그래서 『속대전』(영조 22년, 1746)에서는, "의관과 역관은 정1품 보국숭록대부輔國崇祿大夫에 승급하지 못한다(宦侍及醫譯 毋得授輔國資)"는 법규를 제정하게 되었다. 그들 앞에는 양반 사대부 계층이라는 장벽이 존재하고 있었던 것이다. 한편으로는 현실적으로 거기까지는 진출했음을 말해 준다고 하겠다.

관련해서 그들이 당상관으로 진출할 때는 대부분 서반내직인 당상관직으로 나아갔다는 점이다. 중추부는 서반 정1품아문으로, 문무당상관으로 맡은 직임이 없는 자를 우대하는 의미로 임명하는 예우 관서이다. 중인들에게는 일종의 명예로 중추부

당상관직을 제수했으며, 그것도 단기적으로 운영했을 뿐이었다. 동반 당상관직을 결코 허용하지 않았다. 그러니까 품계는 당상관까지 올라갈 수 있었지만, 관직이라는 실직實職에서는 명예직에 한정해서 제수되었다. 일종의 제한이 있었던 셈이다.

많지는 않지만, 그들은 지방의 수령으로 진출하기도 했다. 동반 외관직으로는 도로를 감독하는 종6품 찰방察訪이 가장 많았으며, 이어 종6품 현감縣監이었다. 지역적으로는 경기도 일원이었다. 서반 외관직으로 진출한 사례를 보면, 종2품 통제사統制使와 종3품 우후虞侯는 각 1명에 그치고 있으며, 종6품 감목관監牧官이 가장 많았다(이남희 1999). 그러니까 외관직 중에서도 하위직에 진출했다는 것이다. 그런데 본인은 지방관으로 진출했으나, 자손들은 다시 기술학에 종사하는 공통점을 보여 주었다. 양반층으로 신분 상승한 것이 아니라, 다시 기술직으로 돌아왔다. 중인들을 감독관으로 임명했을 때 상하를 통제하기가 쉽지 않다는 현실적인 측면도 있었을 것이다.

한편 관직 진출과 관련해서 역과 합격자가 잡과 내의 다른 과목(의과, 음양과, 율과)에 응시해서 진출하는 경우도 있었다. 잡과 내에서 역과의 위상이 가장 높았으므로, 다른 과목에 응시해 갔다는 것은 역시 자신의 적성 때문인 것으로 여겨진다(정조 대에 이르러서는 음양과가 수위를 차지하게 되기는 했다). 그러나 역과에 합격한 자들은 양반 진출로라 할 수 있는 문과·무과·생원진사시에 합격한 경우도 없지 않았다. 이른바 '신분상승'을 도모했다고 하겠다. 그 숫자는 많지 않다. 설령 그 비중은 낮다고 할지라도 양반 사로와 잡과 사로의 연결점을 찾을 수 있다는 점에서 중요하다.

그 내역을 보면 주로 무과로 나아가고 있으며, 생원진사시, 특히 문과는 지극히 저조하다. 생원, 진사, 문과와 같은 상층 양반으로의 급격한 신분 상승보다는 무과로 나아가는 현실적인 방안을 택했던 것으로 여겨진다. 그런데 무과를 통해서 신분 상승한 경우에도 그 자손 대에서 계속 그 지위를 유지해 갔던 것으로 보기는 어렵다. 자손 대에서 다시 역과나 잡과로 돌아오는 사례가 그런 어려움을 뒷받침해 준다. 무과에는 어느 정도 개방성이 있기는 했지만, 중인 이하 사람들의 신분 이동 통로는 아니었다. 게다가 무과는 오히려 중앙의 헤게모니를 뒷받침하는 방향으로 운영되었기 때문이다.

어떤 형태로건 신분적 한계에 부딪힐 수밖에 없는 역관들은 자신의 정체성에 대해서 생각하지 않을 수 없었을 것이다. 비슷한 처지의 동류의식 같은 것이 싹트게 되었다. 특히 사회적 관계, 예컨대 혼인과 같은 사안에서 그러했다. 자연히 같은 계층끼리 혼인하게 되고, 그런 혼맥, 인맥을 통해서 그 전문직종을

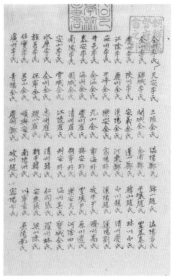

그림 16 『의역주팔세보』 표지, 서울대학교 규
장각한국학연구원 소장

그림 17 『의역주팔세보』 목차, 서울대학교 규
장각한국학연구원 소장

세전해 가는 양상을 보여 주었다. 그들은 자신들의 신분과 연원을 밝히는 역사서를 펴내기도 했고, 팔세보八世譜라는 독특한 형식의 족보를 펴내기도 했다(이남희 2021). 팔세보가 중인에게만 한정된 것만은 아니었다. 삼반팔세보三班八世譜, 문보文譜, 무보武譜, 음보蔭譜 등의 팔세보도 있기 때문이다. 문반, 무반, 음반의 경우 팔세보 외에 오세보五世譜, 십세보十世譜 등의 형식도 있다. 하지만 중인들은 중인들은 '팔세보' 형식을 취하고 있을 뿐

그림 18 『열하일기』, 서울대학교 규장각한국학 연구원 소장

이다. 또한 비슷한 신분의 문학인들끼리 모여서 이른바 위항문학 운동을 펼치기도 했으며, 중인들의 집단적인 신분상승 운동, 즉 중인통청운동을 벌이기도 했다.

그 같은 신분적인 한계성 때문인지 역관들은 조선의 현실을 직시할 수 있었으며, 또한 부경사행赴京使行과 통신사행通信使行을 통해서 청나라와 일본이 어떻게 변하고 있는지도 파악할 수 있었다. 서양 열강들의 움직임도 어느 정도 파악할 수 있었을 것이다. 때문에 역관들이 가장 원했던 것은 바로 사행에 따라가는 것이었다. 자신의 외국어 실력을 발휘하고 견문을 넓힌다는

그림 19 1711년(숙종 37) 일본에 파견한 〈조선통신사행렬도〉, 국립민속박물관 소장

측면도 있었지만, 이른바 국가가 묵인해준 무역(팔포八包 무역) 행위를 통해서 방대한 부富를 축적할 수도 있었기 때문이다.

'팔포'란 중국에 파견된 사행원들이 여비로 쓰기 위해 가져가는 8개의 꾸러미를 말한다. 그들은 인삼 10근씩 담은 꾸러미 8개, 즉 인삼 80근을 가져갈 수 있었다. 그래서 흔히 '팔포 무역'이라 한다. 이에 힘입어 역관들은 사행 무역을 통해 막대한 부를 축적할 수 있었다. 연암 박지원의 소설 『허생전』에 나오는 한양의 제일 부자 변부자가 나오는데 그는 실존 인물 밀양변씨 密陽卞氏 변승업卞承業 집안을 모델로 한 것이다.

'사역원 체제'에서
'관립외국어학교 체제'로

이 장에서는 국제질서 변동과 더불어 나타난 외국어의 부침에 대해 살펴보고자 한다. 조선 건국 이후 오랫동안 유지되어 온 사역원과 4학 체제는 19세기 후반에 이르러 심각한 위기에 처하게 된다. 국제질서의 변화 함께 새로운 외국들과 조우하게 되었기 때문이다. 그와 더불어 새로운 외국어들이 등장했다.

1882년의 조미조약과 보빙사 사절단 파견이 전환점이 된다. 한어와 일어를 통한 중역, 이중통역을 거치면서 새로운 외국어 교육의 필요성을 절감하게 되었으며, 동문학과 육영공원은 그런 시도라 할 수 있다. 마침내 1895년 외국어학교관제가 반포되고 이어 관립외국어학교의 6개 외국어 체제가 성립하게 된다. 그 후 약간의 변화가 없지는 않았지만, 1910년까지 그 대체적인 골격이 유지되어 가는 과정을 가늠해 볼 수 있을 것이다.

국제질서 변동과 외국어

사역원과 4학(한학, 몽학, 왜학, 여진학[청학]) 체제는 5백여 년 동안 유지되었다. 그 체제 내에서의 변화가 없지는 않았지만 기본적인 틀 자체는 거의 변화가 없었다. 몽골과 통신하고 있지 않지만 국경 지역이 매우 가까운데 언제 앞날 일을 헤아릴 수 없기 때문에, 사역원으로 하여금 감독하여 모든 어학 과정을 엄격히 하도록 했다. 그리고 상벌로써 통숙通熟하도록 했다. 당장 쓰이지는 않지만 언젠가 쓰이게 될지도 모르는 언어에 대해서도 충분히 준비하라고 한 사실은 주목할 만하다.

하지만 19세기 중반에 들어서 동아시아 세계질서는 크게 흔들리기 시작했다. 서세동점 현상과 전지구적 규모의 근대 세계시스템 구축, 팽창 과정은 고요한 아침의 나라 조선에도, 마침내 조선의 외국어에도 변화를 강요하게 되었다. 국제관계, 국제정치의 권역 자체가 크게 그리고 급격하게 바뀌고 있었기 때문이다. 오랫동안 안정을 유지해온 동아시아 국제질서는 서구 열강이 만들어낸 근대 세계시스템과 만국공법 체제에 직면하지 않을 수 없었다. 중국과 일본은 이미 그런 새로운 체제 속에 편입되고 있었다. 아울러 나름대로 최선을 다해서 적응해 가고 있었다.

안타깝게도 조선은 중국과 일본이 서양에 대응해 빠르게 시도하고 있던 변화에 대해서 그렇게 받아들이지 않았던 듯하다. 서양 나라들의 직접적인 교섭과 교역 요구 등에 대해서도 그것을 물리쳤으며, 그런 충돌을 '양요洋擾', 즉 서양인들이 일으키는 소요(소란) 정도로 생각했다. 병인양요丙寅洋擾(1866)와 신미양요辛未洋擾(1871)를 치른 뒤 대원군이 전국에 세운 '척화비斥和碑'는 지극히 상징적이다. "서양 오랑캐가 침입하는데, 싸우지 않으면 화친하자는 것이니, 화친을 주장함은 나라를 파는 것이다"(洋夷侵犯 非戰則和 主和賣國). "우리들의 만대자손에게 경계하노라. 병인년에 짓고 신미년에 세우다"(戒我萬年子孫 丙寅作 辛未立).

하지만 거대한 시대의 흐름을 피할 수는 없었다. 1876년(고종 13) 일본과의 강화도조약 체결을 시작으로 서구 여러 나라와의 외교적 교섭이 본격적으로 시작되었기 때문이다. 조선으로서도 새로운 '국제관계'를 맺어야 하는 새로운 국가들, 외국들에 대해서 관심을 가져야만 했다. 국제질서 환경 내지 권역 자체가 급격하게 바뀌고 있었기 때문이다. 새로운 국가들(외국들)이 등장했으며, 따라서 새로운 외국어들 역시 필요하게 되었다. 조선 정부로서는 크게 당황하지 않을 수 없었다. 종래의 사역원과 4학 체제만으로는 제대로 감당할 수 없었기 때문이다. 서구의 언어에 대해서는 거의 무방비 상태에 있었다고 해도 지나친 말은 아니다.

바야흐로 조선에서도 새로운 서양 언어를 구사할 수 있는 통역이 절실히 필요하게 되었다. 하지만 하루아침에 그런 통역을 길러 낼 수는 없었다. 그 같은 상황 아래에서는, 어쩔 수 없이 기존의 한어(중국어)와 일어를 통해서 서구의 외국어를 이해하고 소통해야 하는 '중역重譯' 내지 '이중통역二重通譯'이라는 값비싼 대가를 치러야만 했다.

보빙사와 동문학同文學과 육영공원育英公院

그 같은 중역 혹은 이중통역 현상은 1882년(고종 20) 체결된 조미조약, 그리고 미국에 파견된 보빙사報聘使 사절단에서 단적으로 나타났다. 원래 보빙사는 답례로 외국에 파견하는 사절단을 가리키지만, 일반적으로 1883년(고종 21) 미국에 파견한 사절단을 의미한다. 푸트Lucius Harwood Foote(1826-1913) 미국공사의 조선 부임에 답례하여 미국에 파견하게 된 것이다. 푸트는 복덕福

德 또는 복특福特이라는 조선 이름도 사용했다.

그런데 조선 측에서 직접 영어를 통해서 의사소통을 할 수가 없었다. 먼저 중국어, 일본어로 통역되고, 그것을 다시 영어로 미국 측에 전달해야만 했고, 영어 역시 중국어, 일본어로 번역된 다음에 조선측에 전달되어야 했다. 이른바 중역(이중통역)이라는 번거로움을 감수해야만 했다. 미국에 파견되는 보빙사 사절단에 중국인 통역과 일본인 통역이 같이 간 것도 그 때문이었다. 긴 설명을 줄이기 위해서 다음의 두 장의 사진을 보기로 하자.

【그림 20】 사진은 출발하기 전의 보빙사 사절단이다. 전체 9명이며, 앞줄 왼쪽부터 홍영식, 민영익, 서광범, 퍼시벌 로웰이며, 뒷줄 왼쪽부터 현흥택, 최경석, 유길준, 고영철, 변수이다. 【그림 21】 사진은 미국에 도착한 후의 보빙사 사절단이다. 전체 11명이며, 앞줄 왼쪽부터 퍼시벌 로웰, 홍영식, 민영익, 서광범, 우리탕, 그리고 뒷줄 왼쪽부터 현흥택, 미야오카, 유길준, 최경석, 고영철, 변수이다. 【그림 20】 사진에 우리탕과 미야오카가 덧붙여진 것이다.

사절단은 이렇게 구성되었다. ① 전권 대신 민영익, ② 부대신 홍영식, ③ 종사관 서광범(세 명이 공식적인 외교사절이었고, 나머지 사람들은 수행원들이었다.) ④ 수행원 유길준, ⑤ 수행원 최경석

(무관), ⑥ 수행원 변수, ⑦ 고영철(역관), ⑧ 현홍택(무관), 그리고 외국인 통역으로 우리탕(吳禮堂), 미야오카 츠네지로(宮岡恒次郎). (미야오카는 로웰의 개인 통역비서로 채용되었으며, 비공식 수행원으로 동행했다.)

유길준과 변수는 한국어 ⇆ 일본어, 고영철은 한국어 ⇆ 중국어, 우리탕은 중국어 ⇆ 영어 통역을 담당했다. 그리고 미야오카가 일본어 ⇆ 영어 통역으로 합류하게 된다. 그렇게 해서 보빙사절단의 통역은 총 5명이 되었다. 역시 직통으로 한국어 ⇆ 영어가 가능한 통역이 없었기 때문이다. 영어 ⇆ 중국어 ⇆ 한국어, 혹은 영어 ⇆ 일본어 ⇆ 한국어로 이중으로 통역한 셈이다. 통역의 정확을 기하기 위하여 일본어 중역과 중국어 중역을 모두 참조했다. 사절단은 태평양을 건너 샌프란시스코에 도착한 후 미대륙을 횡단했다. 이어 워싱턴을 거쳐 뉴욕에서 미국 대통령 체스터 A. 아서C. A. Arthur와 두 차례 회동하면서, 국서國書를 전하고 두 나라 사이의 우호와 교역에 관하여 논의했다.

그 같은 중역(이중통역)으로 인해서, 일시적으로나마 한어(중국어)와 왜어(일본어)의 역할이 더 커졌다고 하겠다. 말하자면 중국어와 일본어 통역을 통해서 낯선 서양 언어를 이해하기 시작한 것이다. 그들 중국어, 일본어 통역들이야말로 새로운 서양 언어의 필요성을 누구보다도 더 절감하게 되었을 것이다. 하지

그림 20 **출발하기 전의 보빙사 사절단,** 위스콘신대학교 UWM 도서관 소장

그림 21 **미국 도착 후의 보빙사 사절단,** 고려대학교박물관 소장

만 그것은 어디까지나 미봉책일 뿐 근본적인 해결책이 될 수는 없었다.

역시 가능한 한 빨리 새로운 외국어를 배우려는 노력이 필요했으며, 또 실제로 시도되었다. 한편으로는 종래의 사역원 체제가 그대로 유지되면서, 다른 한편으로는 새로운 학교를 세워서 외국어를 가르치려는 시도라는 이원적인, 혹은 공존 현상이 나타나게 되었다. 그 대표적인 것으로 ① 동문학同文學과 ② 육영공원育英公院을 들 수 있겠다.

한국 최초의 근대식 교육기관이자 영어학교라 할 수 있는 ① 동문학은 외아문협판外衙門協辦 겸 총세무사였던 독일인 묄렌도르프P. G. Möllendorff의 건의에 따라 설립하였다(1883). 이름 자체가 그러하듯이 청나라의 동문관同文館을 모델로 삼았다. '통변학교通辯學校', '영어학교'라 부르기도 했다. 영어 교육을 위해서 청나라 사람 오중현吳仲賢과 당소위唐紹威가 오게 되었다. 미국 유학을 했다지만 중국인이 조선에 와서 영어를 가리켰다는 사실 자체가 상징적이다. 물론 영국인 핼리팩스T. E. Halifax가 주무 교사로 운영 책임을 맡았지만.

동문학은 40여 명의 학생을 모집하여 오전·오후로 나누어 영어 교육을 실시했다. 그러다 영어 교육을 실시하려는 관립학교 육영공원이 설립되는 1886년(고종 23)에 폐지되었다. 3년 동안 유지된 셈이다. 동문학과 거의 비슷한 무렵(1883), 민간인에 의해서 원산에 최초의 근대적 사립학교 원산학교元山學校가 설립되었다는 점도 덧붙여 둘 만하다. 거기서도 일본어 등의 외국어를 가르쳤다.

한편 미국에 보빙사로 다녀온 민영익閔泳翊을 비롯하여 개화파인 홍영식洪英植, 서광범徐光範, 변수邊燧 등은 국가 근대화를 위해서 근대학교를 설립해야 한다고 건의했다. 이에 고종은 1884년 (고종 21) 9월 미국공사 푸트를 통해서 미국 정부에 영어교사 1인과 소학교사小學敎師 3인을 선발하여 보내 달라는 요청서를 정식으로 발송했다. 하지만 갑신정변 등 국내의 정치적 소요로 미루어지고 있었다.

그러다 미국에서 헐버트Homer B. Hulbert, 訖法, 紇法, 轄甫(1863-1949), 길모어George W. Gilmore, 吉模(1858-1933), 벙커Dalzella A. Bunker, 房巨(1853-1932), 세 명의 교사가 옴으로써 ─ 이들은 모두 유니언신학교 Union Theological Seminary 출신이다 ─ 1886년 9월 23일 새로운 학교가 개교하게 되었다. '젊은 영재를 기르는 공립학교'라는 뜻을 가진 ② 육영공원이 그것이다. 학교의 학칙 계사啓辭에서는 설립목적을 이렇게 말하고 있다. "오늘날 여러 나라의 국가 간 교제交際에서 가장 중요한 것이 어학語學이다. 이를 위해 공원公院을 설립하여 젊고 총민한 사람을 선발하여 학습하게 한다."

육영공원에는 젊은 현직 관료들로 구성된 좌원左院을 만들고, 총명한 양반 자제를 선발한 우원右院이 있었다. 당시 외국과의 접촉에 가장 중요한 학문이 외국어라고 생각하고, 여러 교과 가운데 영어를 가장 중요하게 여겼다. 미국인 교수 헐버트, 길모어, 벙커가 영어로 된 교과서를 가지고 영어를 가르쳤으며, 벙커가 사임한 뒤에 영국인 허치슨W. F. Hutchison과 핼리팩스가 1894년 폐교될 때까지 근무했다. 정부의 재정난으로 운영이 어렵게 되자 육영공원은 폐교하고 영어학교를 신설해 영어 교육만을 담당하는 기관으로 바뀌었다(1894).

육영공원에 대해서는 여러 측면에서 다양한 평가가 내려지고 있으며, 그 한계 또한 지적되고 있다(정부고관 자제만 수용하는 신분적 제한, 영어 교육 위주의 교육 내용의 한계, 외국인 교수들에 의한 특수학교 등). 하지만 외국어, 특히 영어에 주목해서 가르쳤다는 점에서는 하나의 이정표가 된다고 할 수 있다.

외국어로서의 영어를 특별히 가르치게 된 새로운 현상은 기존의 사역원의 위상과 4학의 그것에 큰 변화를 가져다주지 않을 수 없었다. 더구나 1880년대에 기독교 선교사들이 설치한 배재학당培材學堂, 이화학당梨花學堂, 경신학교儆新學校 등의 선교계 학교에서는 미국인 선교사들이 영어를 교과목의 하나로 가르쳤으며 일반 교과목도 영어로 가르쳤다. 민간에서, 사립학교가 외국어를 가르치게 되었다는 것은 중요한 의미를 가진다. 외국어 교육이 공식적으로 국가가 주도하는 공교육에서만 이루어졌던 전통 시대와는 확실히 달라졌기 때문이다.

더욱이 1891년(고종 28) 설립된 '한어학당'과 '일어학당'은 사역원과 4학 체제에 큰 충격을 안겨 주었다. 당시 현실에서 청학과 몽학은 그 위상을 잃어버렸으며, 마침내 중요 외국어에서 빠져 버리게 되었다. 아울러 중요한 사실 하나는, 그 무렵 이미 왜학(왜어)이 아니라 일어(일본어)라는 용어를 쓰게 되었다는 점이다. 상징적인 장면이라 하겠다. 1876년(고종 13)의 강화도 조약 체결 이후 일본과의 교섭이 활발해졌다는 것, 그와 더불어 일본의 위상이 그만큼 높아졌다는 것을 말해 주고 있다.

관립 외국어학교와 6개 외국어 체제

1894년(고종 31) 갑오경장과 더불어 조선은 근본적인 변화에 들어서게 되었다. 종래 교육 업무를 담당하던 예조를 폐지하고, 학무아문學務衙門을 새롭게 설치하게 되었다. 거의 5백여 년 동안 유지되어온 과거제도 폐지되었다, 자연히 역관들을 위한 시험 역과 역시 폐지되었다. 종래 외국어 교육을 총괄해 왔던 사역원 역시 역사 속으로 물러나게 되었다.

1895년(고종 32) 1월, 고종은 종묘에서 자주독립을 천명하는 서고문誓告文을 올리며, 향후 개혁 정책의 기본 방향을 제시한 14개 조의 개혁 정강을 발표했다. 바로 「홍범 14조」이다. 이어 2월 고종은 「교육에 관한 특별조서」를 조칙으로 발표했다. 교육을 통해서 국가의 근본을 세운다는 취지로 인해 흔히 '교육입국조서敎育立國詔書'라 불리기도 한다. 그에 따라 각종 학교를 설립하게 되었다. 이미 각 아문의 관제를 개정한 기사에서 외국어학교 얘기도 나왔다. 사역원과 4학 체제는 이미 시효를 다했다고 하겠다.

1895년 5월 10일 「외국어학교관제」가 반포되었다(칙령 제88호). 비로소 외국어 교육에 대한 법적인 근거가 마련되었다. 이미 설치되어 있던 일어학교와 영어학교를 관립 일어학교와 관립영어학교로 개편하고 관립 법어학교를 신설했다. 이어 관립아어학교(1896), 관립한어학교(1897), 관립덕어학교(1898)를 설립했다. 그렇게 해서 영어, 일어, 한어(중국어), 법어(프랑스어), 덕어(독일어), 아어(러시아어)를 가르치는 여섯 개의 외국어학교, 즉 '관립외국어학교'가 등장하게 된 것이다. 4학 중에서 한어와 일어는 살아남았지만, 청어(만주어)와 몽어는 없어졌다. '관립 외국어학교의 6개 외국어 체제'라 부를 수 있겠다.

일어학교와 한어학교는 수업연한이 3년제(1902년 4년으로 변경)였고, 영어학교·법어학교·덕어학교·아어학교 등은 5년제였다. 외국어학교는 1명의 교장 아래 각각 독립해서 운영되었으며, 해당 외국어뿐만 아니라 일반 교과목도 가르쳤다. 관립외국어학교는 처음에는 해당 언어를 가르칠 수 있는 외국인을 초빙하여 가르쳤지만, 점차 그들에게 배운 조선인, 즉 외국어학교 출신의 조선인들이 교관으로 활약하게 되었다.

이들 관립외국어학교는 1906년 '관립한성외국어학교'로 통합, 개편되었다. 1906년 제정된 「외국어학교령」과 동시행규칙에 따라 종전의 개별 외국어학교를 관립한성외국어학교로 통합한 것이다. 그런데 관립한성외국어학교에 아어학교는 제외되었다. 1904년 폐지되었기 때문이다. 아어학교 이외의 다섯 외국어학교를 한곳에 모아 영어·일어·법어·덕어·한어를 가르치게 했다. 중요 외국어가 여섯 개에서 다섯 개로 바뀐 것이다. 이들 관립한성외국어학교의 수업연한은 3년이었으며, 12세 이상의 남자를 입학시켜 해당 외국어와 일반 교과목을 가르쳤다.

한편 학부는 관립인천일어학교도 존치시키는 한편 1907년 평양에 관립평양일어학교를 설치하고, 이어 1908년 관립한성외국어학교 일어부에 1년제 속성과를 설치했다. 일어의 위상이 단연 두드러진다고 해야 할 것이다. 한곳에 모여 있지만 각기 분리되어 있던 5개 관립 한성외국어학교를 하나의 학교로 통합하고, 관립한성외국어학교에 일어부·영어부·법어부·덕어부·한어부와 일어속성과를 두었다(1908). 그런데 이 학교는 1911년 11월 조선교육령에 의거해 폐지되었다. 이로써 '관립외국어학교의 6개(5개) 외국어체제' 역시 역사의 뒤안으로 밀려나게 된다. 그에 앞서 관립평양일어학교는 관립평양고등학교로, 관립인천일어학교는 관립인천실업학교로 개편되었다(1909).

1910년 국권을 피탈한 일본은 이듬해 「조선교육령」을 제정해 학제를 전면적으로 개편하고 일본어를 각급학교에서 필수로 가르치게 했다(1911). 일본어 이외의 외국어교육은 중등학교와 전문학교에서 부분적으로 실시하도록 했다.

외국어의 부침: 일어日語와 아어俄語

관립외국어학교의 6개 외국어체제는 그렇게 오래 유지되지 못했다. 이미 1904년에 아어학교가 폐지되었기 때문이다. 슬며시 5개 외국어체제로 바뀌었지만 1910년 한일합병과 더불어 관립외국어학교 체제 자체가 무너지게 되었다. 1895년부터 1910년에 이르는 기간 동안 외국어 역시 심한 성쇠와 부침을 겪었다.

학교명		설치 연대	외국인 교관	한국인 교관	제1회 졸업년도	졸업 총회수 (-1910)	졸업생 총수 (-1910)
일 어 학 교	서 울	1891년 5월	岡倉由三郞, 長島巖三郞, 田中玄黃	현헌, 최재익, 박영무, 유제달	1898년 1월	본과 11회	190명
					1909년 5월	속성과 2회	71명
	인 천	1895년 6월	岩崎厚太郞	이근호, 최정하, 서병협	1901년 6월	9회	63명
	평 양	1907년 3월	眞藤義雄, 太西裕八, 樽木末實	조낙홍, 나영곤	1908년 5월	2회	25명
영어학교		1894년 2월	T.E. Hallifax(溪来百士) W.du.Hutchison(轄治臣) R.Frampton(夫岩敦)	안오호, 윤태헌, 김우행, 정일범	1903년 2월	8회	79명
법어학교		1895년 10월	E. Martel (馬太乙)	이능화, 안우상, 김한기	1906년 1월	6회	26명
아어학교		1896년 5월	Birjukov (米柳葡)	한귀호, 곽광의	-	-	-
한어학교		1897년 5월	胡文章, 杜房域	오규신, 유광열, 이명칠, 최영년	1901년 7월	9회	59명
덕어학교		1898년 9월	J. Bollighn (佛耶安)	진수, 최태경, 유만	1908년 5월	3회	5명

표 7 구한 말 관립외국어학교 실태

이광린(1977, 137쪽)에 의거해 구한말의 관립 외국어학교 실태를
보면【표 7】과 같다.

아어학교 부분은 비어 있는데, 이광숙(2014)에서는 아어학교
입학생, 재학생수(1896-1901)를 각각 139명, 260명으로 정리하고

있다. 그리고 우현정(2020)에서는 아어학교 조선인 교원으로 한구호, 곽광희, 김경식, 홍대규를, 아어학교 입학생으로 장인근, 윤희찬, 홍대규, 김경식을 제시하고 있다.

1895년부터 1910년에 이르기까지 조선에서 가장 큰 위세를 발휘했던 외국어로는 일어를 들어야 할 것이다. 일어학교는 한성(1891) 외에 인천(1895)과 평양(1907), 합해서 세 군데에 있었다. 한성일어학교에서는 본과와 속성과 코스가 있었으며, 배출해 낸 졸업생 역시 월등하다. 전체 합하면 349명에 이른다.

그러면 일어가 그처럼 인기 있었던 것은, 다른 말로 하자면 어떻게 해서 비중과 역할이 그렇게 컸으며 또 어떤 요인들 때문에 위세를 떨칠 수 있었을까. 어떻게 보면 그 답은 간단하다. 조선과 일본의 관계가 그만큼 밀접했기 때문이다. 그 밀접함은 어디서 비롯되었는가. 다음과 같은 몇 가지 요인이 복합적으로 작용한 것으로 여겨진다.

우선 일어의 경우, 역시 사역원의 왜학(왜어) 교육과 큰 마찰 없이 이어지고 있었다는 점이다. 일어는 낯선 외국어가 아니다. 서양의 전혀 낯선 외국어들과는 성격 자체가 달랐다. 시대의 흐름과 더불어 왜어, 왜학은 일어(일본어)로 자연스레 이행할 수 있었다. 더구나 일본은 최초의 근대적인 조약이라 할 수 있는 조일수호조규(강화도조약) 체결(1876) 이후, 모든 측면에서 조선과 교류 활동을 활발하게 전개해 오고 있었다.

이미 서구 열강을 접했던 일본의 경험은 조선이 서양을 이해하는데 일종의 징검다리 역할을 해 주었다. 중역(이중통역)에서도 일본어는 기능을 할 수 있었다. 문명의 중심이 이미 중국에서 서양으로 옮겨 가고 있는 만큼, 참고할 만한 모델이 될 수 있었다. 조선 정부가 신사유람단을 위시해 유학생들을 파견한 것 역시 같은 맥락이라 하겠다. 일본은 청일전쟁(1894)을 통해서 청나라가 허세에 지나지 않는다는 것을 조선에 각인시켜 줄 수 있었다. 그런 의미에서 청일전쟁은 종래의 중국 중심의 동아시아 국제질서가 이미 형해화되었음을 말해 준다. 게다가 노쇠한 대국 청나라는 조선에 대한 종주권에 집착함으로써 진보적인 젊은 개화파들의 신망을 잃어버리고 있었다. 한어학교 졸업생(59명)은 일어학교(349명)와 영어학교(79명) 뒤를 잇고 있을 뿐이다.

둘째, 조일수호조규 이후 일본과 일어의 위세가 언제나 상승세를 탔던 것은 아니었다. 청일전쟁 이후 전후처리 과정에서 이른바 '삼국간섭'(러시아·프랑스·독일)으로 일본은 요동 반도를 청나라에 돌려주지 않을 수 없었다(1895). 그런 틈새를 타고 조선에 영향력을 키워가기 시작한 것은, 곧이어 보듯이 러시아, 따라서 러시아어(아어)였다. 러시아로 기울어지던 명성황후를

시해한 을미사변(1895)은 그에 대한 견제책이라는 측면도 없지 않았다. 아관파천俄館播遷 이후 러시아의 약진은 두드러지는 것이었다. 이후 러시아와 일본의 격심한 갈등과 경쟁이 이어졌으며, 마침내 러일전쟁(1904)으로 발발하고 말았다. 러일전쟁에서의 승리와 더불어 일본의 영향력은 한층 더 커졌다. 그와 더불어 일어 교육은 한층 더 위세를 떨치게 되었다.

셋째, 삼국간섭 과정을 겪으면서 힘이 지배하는 국제사회에서 내 편, 즉 동맹의 필요성을 인지하게 된 일본은 영국과 두 차례(1902, 1905)에 걸쳐서 영일동맹을 체결하게 된다. 제1차 동맹의 핵심은 러시아를 두 나라 공동의 적으로 상정하고, 러시아의 동쪽 진출을 방어하면서 동시에 동아시아의 이권 분할이었다. 러일전쟁으로 일본은 조선과 만주에서 러시아 세력을 축출했으며, 조선에 대해서도 우선권을 갖게 되었다. 제2차 동맹은 일본의 조선 지배를 외교적으로 보장해 주었다. 같은 무렵 일본은 미국과 '가쓰라-태프트 밀약The Katsura-Taft Agreement'을 맺는다(1905). 미국과 일본이 비밀리에 약속한 것으로, 그 핵심은 일본은 미국의 필리핀 지배를 인정하고, 미국은 일본의 한국 지배 승인이었다. 영어학교에서 일본에 이어 많은 학생(79명)을 배출했지만, 정작 국가로서의 미국의 관심은 다른 곳에 가 있었다.

요컨대 청일전쟁과 러일전쟁의 결과와 더불어 조선에서의

한어(중국어)와 아어(러시아어)의 비중과 위상은 급격하게 축소되지 않을 수 없었다. 그 국가의 힘은 그 언어(외국어)의 위세와 직결된다. 청일전쟁의 결과는 동아시아 국제질서가 해체되었다는 것을 알려주는 신호탄과도 같았다. 열심히 개화한 일본이 오래된 중국을 패배시켰다는 사실은 세상이 어디로 가고 있는지 여실히 보여 주었다. 독립협회와 『독립신문』이 보여 주는 중국에 대한 신랄한 비판 역시 그런 맥락에서 보아야 한다. 한어(중국어)의 위상은 현저하게 위축되지 않을 수 없었다.

개항 이후 근대에 접어들어 조선에서 가장 극적인 변화를 겪은 외국어는 아어(러시아어)이다. 한반도 함경도 지방과 러시아는 지리적으로 근접해서 비공식적인 접촉은 있었던 듯하다. 1854년(철종 5) 러시아 군함이 거문도 해안에 나타나서 소통을 시도한 일도 있었으며, 여러 사정으로 한인들이 러시아 땅으로 이주해 가기도 했다. 1884년(고종 21) 조로수호통상조약朝露修好通商條約이 체결됨으로써 조선과 러시아는 공식적인 관계를 맺게 되었고, 이어 1888년(고종 25) 조로육로통상조약이 체결되었다. 그와 더불어 무역과 교류가 활발해지기 시작했다. 러시아 고문관들도 초빙되었다. 그러자 불거진 문제가 의사소통, 즉 '통역' 문제였다.

조선에서는 공적인 아어 교육이 없었기 때문에, 러시아 연해주 지역으로 이주해간 조선인(한인)들에게 통역 역할을 맡기게 되었다. 이주 한인들은 러시아 국적을 부여받았으며, 러시아식 교육을 받기도 했다. 러시아어가 시급했던 조선 정부는 러시아령 한인 마을에서 많은 사람을 통역으로 차출했다. 특채特採였던 셈이다. 반병률(1997)에 의하면, 『한인신보』에 52명의 한인들이 통역으로 조선으로 갔다는 내용이 보도되었다. 교류 초기에 활약한 왕실 최초의 러시아 통역사 김홍륙金鴻陸(?-1898), 니콜라이 2세 대관식에 수행원으로 따라갔던 김도일金道一, 김병옥金秉玉 등이 대표적인 사람들이다.

마침내 1896년(고종 33) 2월 관립한성아어학교官立漢城俄語學校가 설립되었다. 이제 공식적으로 아어(러시아어) 교육이 실시되었다. 러시아인 교수는 비류코프N. N. Birjukov, 米柳葡(1861-1916)이었다. 이주 한인들 역시 아어학교에서 가르치기도 했다. 거기서 배출된 졸업생 중에 부교관, 교관이 된 이들도 있다. 그와 더불어 러시아어 통역은 러시아령 이주 한인에서 점차로 아어학교 교육을 받은 사람들로 넘어가게 되었다. 서로 공존하기도 했을 것이다. 러시아어 수요는 충분히 많았기 때문이다.

한 가지 덧붙여 두자면 관립아어학교 외에 사립아어학교도 두 군데 설치되었다는 점이다(1897 무렵). 지역은 함경도 원산 부근과 경성鏡城이었다. 역시 러시아와 가까운 지역이었다. 원산

아어학교는 블라디보스토크에 체류했던 한인 청년이 세운 것으로 학생은 20명 정도였다고 하며, 경성의 아어학교는 러시아 탈영병이 세웠다고 하며 학생은 15명 정도였다 한다. 정규 학교라기보다는 마치 서당처럼 러시아어를 가르쳤다는 데에 의미가 있다. 그곳에서 러시아어를 배웠던 일차적인 이유는 러시아 지역으로 이주해 가거나 거기서 취업하고자 했기 때문이다 (박종효 2008, 이광숙 2012).

그 무렵 조선에서 러시아의 위상과 비중이 급격하게 커지게 된다. 특히 청일전쟁 전후처리에 대한 이른바 '삼국간섭'(러시아·프랑스·독일)과 더불어 러시아의 발언권이 강해졌다. 더욱이 고종이 러시아 공사관으로 피신하는 아관파천 직후가 특히 그러했다. 김홍륙은 그때 비서원 승祕書院丞으로 있으면서 고종과 카를 베베르Karl Ivanovič Veber(러시아공사) 사이에서 통역으로 활약했다. 그는 학부협판으로 승진하기도 했다(6장 통사 이야기 참조). 고종은 러시아 니콜라이 2세(1868-1918) 황제 대관식에 민영환을 단장으로 하는 사절단을 파견했으며, 러시아 군사고문과 훈련교관을 초청하고 무기도 구입하게 되었다.

러시아는 1896년(고종 33) 11월, 그리고 1897년 8월 두 차례에 걸쳐서 러시아 군사 교관들을 조선에 파견했다. 1차에 73명(장교 4, 하사관 70), 2차에 21명(장교 3, 하사관 10, 기타 8)이 조선으로 왔다. 그리고 궁궐수비대를 재조직하고 800명을 선발 군사훈련을 시작했다(유정화 2012). 그 무렵 러시아의 영향력은 그야말로 절정에 달했다고 할 수 있겠다. 그와 더불어 아어, 즉 러시아어의 비중과 위상 역시 상한가를 구가하게 되었다.

그런데 앞에서 본 【표 7】(「구한말 관립외국어학교 실태」)에서도 느낄 수 있듯이 관립아어학교에서 얼마나 많은 학생들이 배출되었는지, 배출된 이후 어떤 활동을 전개했는지 분명하게 밝혀져 있지는 않다. 아어학교를 졸업한 후 그곳의 교관으로 아어를 가르친 교관도 두 명 확인되기는 한다. 졸업생들과 그 진로가 분명하지 않은 이유는, 그 이후의 러시아와 러시아어의 위상과 무관하지 않다.

한동안 위세를 떨쳤던 러시아어, 그리고 러시아의 위세는 러일전쟁(1904)과 더불어 급전직하하게 된다. 러시아어를 배우는 학생들의 숫자와 규모 역시 비슷한 과정을 거쳤을 것이다. 러일전쟁이 터지자 일본은 아어학교 건물을 차지했을 뿐 아니라 수업 역시 중단시켜 버렸다. 일본군은 서울을 점령한 후 러시아공관 철수를 요구했으며, 러시아 군사교관과 재정고문은 소환되었으며, 한러은행은 폐쇄되었다. 아어학교 역시 무기한 휴교에 들어갔다. 그 빈자리는 대부분 일본이 채우게 되었다. 1908년 외국어학교들이 관립한성외국어학교로 통합되는 과정에서도 완전히 배제되었다. 5개 외국어학부(영어부, 일어부, 한어부, 법어부, 덕어부)가 설치되었을 뿐이다. 공식적으로 조선에서 외국어로서의 러시아어 교육은 1896년부터 1904년 2월 폐교될 때까지 8년간 지속되었을 뿐이다.

　이후 조선에서 러시아어는 긴 공백기를 맞이하게 된다. 러시아에 대한 관심이 다시 일어난 것은 1917년 러시아에서 10월 사회주의 혁명이 일어난 이후였다. 식민지 조선의 지식인들은 새로운 사상으로서의 사회주의와 혁명 소비에트연방에 관심을 기울이게 되었기 때문이다. 하지만 한반도에 본격적으로 러시아어가 다시 등장하는 순간은 해방(1945년 8월 15일) 직후의 일이다. 소련군의 북한 지역을 점령, 진주하게 되면서부터라 할 수 있다.

6

———

외국어와
통사通事 이야기

지금까지, 다시 말해서 1장에서 5장까지는 조선시대의 외국
어 공부와 시험이라는 측면과 그 변화에 주목해서 살펴보았다.
시간대가 5백여 년에 이르는 만큼, 커다란 줄기와 흐름을 중심
으로 검토하고자 했다. 비유하자면 거대한 산맥의 흐름을 특징
적으로 그려 내려고 했던 것이다. 그러다 보니 거대한 산맥과
산맥 사이에 있는 수많은 골짜기를 무심하게 지나쳤다는 느낌
이 없지 않다. 이장에서는 그 같은 골짜기 중에서 중요한 측면
들, 주요한 역관, 통사들에 대해서 살펴보고자 한다. 조금 다른
관점에서 바라보려는 시도라고 하겠다.
　그래서 장 제목을 '외국어와 통사 이야기'로 붙여 보았다. 여
기서 특별히 역관이 아니라 통사라는 용어를 쓴 것은, 역관이라

는 용어에는 신분, 계층 이미지가 강하게 느껴진다. 역관 하면 중인이라는 신분 이미지가 먼저 떠오르기 때문이다. 상대적으로 '통사'는 외국어, 통역, 번역 등의 업무를 나타내는 다소 가치 중립적인 표현이다. 외국인이나 문인 역시 통사 역할은 할 수 있기 때문이다.

전체적인 구도를 이해하는 한 방편으로 조선시대의 외국어 및 외국어 공부와 관련해서는 다음과 같은 네 가지 범주를 설정해 볼 수 있지 않을까 한다. 1) 조선에서 외국어를 가르친 외국인, 2) 그렇게 조선에 오게 된 사람 중에 마침내 조선에 귀화歸化한 사람, 외국인에서 조선인이 된 사람들, 그들에게 그 외국어는 이른바 '모국어'가 된다. 3) 외국어를 배운 왕과 외국어에 능통했던 문신들, 4) 외국어에 능통해서 통사나 명역관으로 이름을 남긴 사람들이다.

조선에서 외국어를 가르친 외국인

외국인으로 조선에 와서 조선인들에게 외국어를 가르친 외국인들, 그 외국어가 자신의 '국어'(혹은 '모국어')인 외국인이다. 어떤 계기에 의해서건 조선에 오게 된 것이다. 중요한 것은 조선인들에게 그 나라 말을 가르쳤다는 사실이다. 역사적으로 보면 어느 시대에나 존재했을 법하다. 그렇다고 다 확인할 수 있는 것은 아니다.

개화기 이전에는 그렇게 많이 확인되지는 않는다. 조선시대에 한인漢人으로 와서 한학우어청漢學偶語廳에서 한학훈장으로 생도를 가르쳤던 정선갑鄭先甲과 문가상文可相을 들 수 있다. 『영조실록』 영조 6년 11월 15일(경진)에는 이런 기사가 보인다. "저들과 우리나라가 교제하는 데 있어서 전적으로 역관에게만 의지해 왔는데, 근래에 중국어는 거의 씨가 끊어져 없어지게 되었습니다. 대개 한학우어청은 바로 고 상신 민정중이 창설한 것이므로, 중국인 정선갑과 문가상을 훈장으로 삼아 생도를 가르치게 했던 까닭으로, 그때에는 아주 성과가 있었는데, 지금의 통역하는 무리 중에서 중국어를 잘하는 자들도 또한 지류입니다. 지금은 우어청의 이름만 있고 그 실효는 없습니다."

개화기 이후 조선에 온 외국인은 많았다. 그들 중에서 조선인에게 외국어(그 나라 말)를 가르친 외국인들에 대해서는 어느 정도 파악할 수 있다. 그들에 대한 본격적인 연구가 필요하겠지만, 지면 관계상 여기서는 그 이름만을 적어 두기로 하자.

◎ 동문학: 오중현吳仲賢, 당소위唐紹威(1860-1938), 핼리팩스

Thomas Edward Hallifax(1832-1908)

◎ 육영공원: 헐버트H. B. Hulbert, 벙커Dalzell Adelbert Bunker(1853-1932), 길모어George William Gilmore(1858-1933), 그레이트하우스C. R. Greathouse, 닌스테드F. J. H. Nienstead, 기포드Daniel Lyman Gifford(1861-1900)

◎ 영어학교: 핼리팩스Thomas Edward Hallifax. 溪來百士, 허치슨W. de F. Hutchison, 轄治臣, 프램턴Geo Russel Frampton, 夫岩敦, 박스웰A. Boxwell/ Bosewell

◎ 일어학당, 일어학교: 강창유삼랑岡倉由三郎(1868-1936), 장도암삼랑長島巖三郎, 장산을개長山乙介, 도뢰상길渡瀬常吉, 송본아태랑松本雅太郎, 청기초웅淸崎初雄, 전중현황田中玄黃

◎ 인천일어학교: 암기후태랑岩崎厚太郎, 서촌수웅西村秀雄, 무전향기茂田香奇

◎ 평양일어학교: 진등의웅眞藤義雄, 태서유팔太西裕八, 준목말실樽木末實

◎ 한어학교: 사이고査以藁, 곽리진郭理珍, 호문위胡文韋, 두방역杜房域

◎ 법어학교: 마르테Emile Marte, 馬太乙(1874-1949)

◎ 아어학교: 비류코프N. N. Birjukov, 米柳葡(1861-1916)

이들은 조선인 젊은이들에게 그 나라 말을 가르쳤으며, 조선의 외국어 교육의 초석을 놓았다고 할 수 있다. 거기서 배운 졸업생들이 그 외국어 교육에 부교관, 교관으로 참여하는 경우가 많았다.

조선에 귀화한 외국인: 향화인向化人

조선에 와서 살다가 조선에 귀화하는 사람도 있었다. 그들을 가리켜 '향화인向化人'이라 불렀다. 외국인에서 조선인으로 된 것이다. 여러 문헌에서 그런 사례를 확인할 수 있다. 그들은 주로 무슨 일을 했을까. 역시 그들의 특장을 살리는 것이 좋았다. 그들은 주로 통역과 외국어를 가르치는 일에 종사하고는 했다. 아주 적임이었다. 사역원 내에서는 외국어만 사용하게 했기 때문에 수요가 있었다. 또한 그들의 외국어 실력을 대외관계에 활용하기도 했다.

외국에서 온 그들이 낯선 조선 사회에 잘 안착하기 위해서는 나름 정책적인 배려가 필요했다. 『세종실록』 세종 16년 4월 11일(무오) 기사에 따르면, 1434년 귀화하는 왜인倭人과 야인野人들이 살 집은 관청에 속한 빈집을 주고, 빈집이 없으면 토목과 건축에 관한 일을 맡아보던 관청인 선공감繕工監에서 그 가족의 많고 적음을 요량하여 2칸 혹은 3칸을 지어 주었다. 또한 『세종실록』 세종 6년 7월 17일(경인) 기사에는 새로 귀화해 온 사람에게 토지 세금은 3년, 요역徭役은 10년간 면제해 주었다는 내용이 적혀 있다. 그렇게 한 이유는 그들을 흡수, 동화시키기 위해서였다.

1438년(세종 20) 이후로는 외국인 중에서 장가가기를 원하는 사람에게는 공사비公私婢 가운데 양인 남자에게 시집가서 낳은 여자를 주도록 했다. 또한 그들에게 관향貫鄉을 내려 주어 조선의 백성으로 살도록 했다.(『세종실록』 권80, 20년 1월 28일 계축). 이들은 대부분 어학語學을 가르치는 직종에 종사했던 것으로 보인다. 귀화한 외국인이 일정한 학문의 경지에 오르면 과거 응시를 허락하기도 했다. 대표적인 향화인으로는 다음과 같은 이들을 들 수 있다.

◎ 설장수偰長壽: 그는 위구르 출신으로 공민왕 때 원나라에서 벼슬 하던 아버지 설손偰遜과 함께 귀화했다. 19세 때

조선에 왔는데, 그때 이미 조선말을 알았다. 그는 사역원과 역학제도의 입안에 큰 역할을 했다. 또한 중국어로 해석한 『직해소학』을 편찬하여 중국어 교재로 삼기도 했다. 인물의 바탕이 민첩하고 굳세며 말을 잘해 사람들의 칭송을 받았으며, 명나라에 사행으로 다녀온 것이 8번이었다. 그에게는 계림鷄林이 관향으로 내려졌다.[『태조실록』 10권, 태조 5년 11월 23일 (정축)]

◎ 당성唐誠: 절강浙江 명주明州 사람으로 원나라 말기에 병란을 피해 조선으로 왔다. 이문吏文에 밝아 사대무서를 맡았으며, 문서응봉사 제조를 지냈다. 태종이 관향을 밀양密陽으로 내려 주었다. 1413년 세상을 떠났다.[『태종실록』, 권26, 태종 13년 11월 3일 (기묘)]

◎ 조숭덕曹崇德: 조증曹證의 아들로 조선의 과거에 합격했다. 승문원 관리로서 주문사 또는 서장관으로 중국에 간 일이 많다. 외교문서 등에 사용되던 이문吏文과 한어에 능통해 '사대한리지문事大漢吏之文'을 담당했다. 공조 참의를 지냈다.[『세종실록』 권29, 세종 7년 8월 13일 (무인)]

◎ 매우梅佑: 통사로 활약했다. 본관을 중원中原이라 칭한 것이 민망해 관적貫籍을 내려 주기를 요청하는 상소문을 올

렸다. 이조에서는 그에 대한 조치를 왕에게 요청했다. "예전 왕들은 다른 지방의 풍속이 다른 사람들이 오면 성을 내려 주고 혹은 씨氏를 내려 주어 회유했습니다. 우리나라에서도 고려 때 설장수의 부친 설손이 원나라에서 왔는데 관향을 경주慶州로 주었고, 상산군尙山君 이민도李敏道 또한 원나라에서 와서 태종대에 관향을 경주로 주었습니다. 매우의 할아버지 군서君瑞가 처음으로 왔고, 아비 원저原渚도 청렴 근신하여 목사관직에 이르렀으며, 매우에 이르기까지 우리나라에 복무했으니, 그 전 예에 의해 관향을 내려 주소서." 세종은 그에게 충주忠州로 관향을 내려 주었다.[『세종실록』 권84, 세종 21년 윤2월 2일 (경진)]

◎ 이현李玄: 원나라 관리 이백안李伯顔의 아들이다. 조선 초에 역관으로 활약했으며, 임주林州를 관향으로 받았다. 통사로서 그는 2품에 제수되었다.[『태종실록』 권12, 태종 6년 12월 9일 (갑오)]

◎ 임언충任彦忠: 한족인 그는 아들 임군례任君禮와 함께 태종과 세종대에 역관으로 활동하여, 큰 부자가 되었다.[『세종실록』 권11, 세종 3년 2월 18일 (신해)]

이들 외에 세종 때 한학훈도로 활약한 서사영徐士英, 장현張顯도 있었다. 향화인들이 다 그렇다고 할 수는 없겠지만 ― 예컨대 네덜란드인 벨테브레(박연)나 임진왜란 때 귀화한 일인 장수 김충선金忠善 등 ―, 대부분 통역과 외국어 교육에 종사했다. 그들은 관향을 요청해서 받는 등, 조선 사회에 적응하려는 노력을 보여 주었다. 조선 후기에도 『숙종실록』 숙종 3년 3월 22일(무술) 기사에 따르면, 표류해 온 중국인들에게 군직을 부여하고 집을 사 주었으며, 역관들에게 중국어를 가르치게 했다.

외국어를 알았던 왕과 외국어에 능했던 문신들

조선시대에는 오늘날처럼 모든 사람이 다 외국어를 배워야 한다는 생각 같은 것은 없었다. 그러면 만인지상萬人之上 국왕은 어떠했을까. 굳이 배워야 할 필요나 의무는 없었다. 하지만 스스로 외국어를 열심히 공부했던 왕도 있었다. 생각이 열린 왕들은 외국어의 중요성을 충분히 인지하고 양반 문신들에게 외국어 공부를 적극 권장하기도 했다. 스스로 솔선수범을 보여 주기도 했다.

외국어를 알았던 왕: 세종과 세조와 성종

조선왕조실록을 보면 세종(1418-1450)은 '한어'와 '몽어'에 능통했다 한다. 그는 세자(후에 문종)에게도 한어를 배우게 했다. 세종은 젊은 학자들과 함께 '훈민정음'을 창제했다. 중국과는 다른 말과 한자 음(소리)에 대해서 해박한 지식이 있었기 때문에 가능했을 것이다. 세종의 아들인 세조의 중국어 실력도 상당했던 듯하다. 그가 중국 사신을 만난 기록이 있다. 세조는 역관의 실수를 지적할 수 있을 정도의 수준에 이르렀음을 알 수 있는 장면이 나온다. 이를 재구성해 보기로 하자.

- 세조: 강계의 길이 멀고 험해 급히 가지 못할 것 같습니다. 청컨대 대인을 따라온 군사에게 바로 요동으로 돌아간다는 뜻을 달려가서 유시하게 하는 것이 어떠하겠습니까?
- 통사 이흥덕: 대인이 강계로 돌아가면 마땅히 강 위의 군사들에게 달려가 유시해야 합니다.
- 사신: 귀국 군사가 이미 강을 건넜다면 우리도 제때에 가지 못하는데 의주의 군사가 어떻게 제때에 이를 수 있겠습니까?

○ 세조: 통사가 잘못 전하였습니다.

-『세조실록』권43, 세조 13년 9월 14일(병자)

성종 역시 한어에 능통했다.『성종실록』성종 12년 11월 23일 (계사) 기사를 보면, 신하가 이렇게 아뢰었다. "전하께서 한어를 공부하시는 데 복잡한 정무에 지장이 있을까 두렵습니다." 그에 대해 성종은 이렇게 대꾸하고 있다. "지장 없다. 내가 한어를 직접 말하려는 게 아니라 통사들이 착오가 많아서 살펴보려는 것 뿐이다."

이미 앞에서 본대로 조선시대에는 사역원에서 몽어(몽학)도 계속 가르치고 있었다. 후기로 갈수록 몽어를 왜 가르쳐야 하는지 의문이 제기되었다. 그에 대해서『정조실록』정조 7년 7월 18일(정미) 기사에서 정조는 이렇게 말했다. "그들의 병마가 가장 거세므로 앞날을 헤아릴 수 없으니 어찌 소홀히 여겨 살피지 않을 수 있겠는가."

외국에서 살았던 왕: 효종과 현종

조선의 제17대 국왕 효종(1649-1659)은 병자호란(1636) 이후 형 소현세자와 같이 청나라에 볼모로 가 있었다. 거기서 그는

8년간에 걸친 긴 볼모 생활을 했다. 먼저 귀국한 소현세자가 갑자기 죽자(1645. 4.), 귀국해서 세자가 되었다. 인조가 죽자 왕위에 올랐다(1649).

그는 청나라 심양瀋陽에서 지내면서 서쪽으로는 몽골, 남쪽으로는 산해관, 금주위錦州衛 송산보松山堡까지 나아가 명나라의 패망을 직접 볼 수 있었다. 또한 동쪽으로는 철령위鐵嶺衛, 개원위開元衛 등으로 끌려다니면서 많은 고생을 했다. 그 때문인지 그는 '북벌론北伐論'을 주장하고 군비 확충에 힘을 쏟았다.

왕자의 신분으로 외국에서 볼모 생활을 했던 그로서는 당연히 당시의 공적인 한어와 청어(만주어)를 접할 수 있었을 것이다. 확인하기는 어렵지만 8년이라는 긴 시간은 외국어(한어, 청어)에 대한 상당한 습득을 가능하게 해 주지 않았을까 여겨진다.

효종이 죽자 아들 현종이 그 뒤를 이었다. 제18대 국왕 현종(1659-1674)은 1641년 3월 외국(청나라)에서 태어났다. 아버지 효종이 봉림대군鳳林大君으로 청나라의 볼모로 잡혀가 심양에 있을 때 심관瀋館에서 태어났다. 조선시대 역대 국왕 중에서 외국에서 태어난 유일한 사례라 하겠다. 1645년 5월 효종과 같이 귀국했으니, 거의 다섯 살까지 청나라에서 살았던 셈이다. 그가 심양에서의 어린 시절의 기억을 어느 정도 기억했는지 그리고 외국어(한어, 청어)에 대해서 어느 정도 인지했는지 알 수는 없지만, 왕으로서는 특이한 이력을 지녔던 셈이다.

외국어에 능했던 문신들

세종, 세조, 성종 등과 같은 왕은 스스로 외국어를 공부하기도 했지만, 신하들 특히 문신들에게 외국어 공부를 적극 권장하기도 했다. 하지만 문신들은 대체로 외국어 공부를 탐탁하지 않게 여겼다. 물론 왕들의 권장에 호응해서 외국어 공부를 열심히한 문신들도 있었다. 다음과 같은 이들을 들 수 있겠다.

이변李邊(1391-1473)

『세종실록』세종 16년 2월 6일(갑인) 기사에서는 그에 대해서 이렇게 평가하고 있다. "이변은 그 사람됨이 본래 둔했는데, 나이 30이 넘어서 문과에 급제하여 승문원에 들어가 한어를 배웠다. 공효를 이루고 말리라 기필하고 밤을 새워 가며 강독講讀하고, 한어를 잘한다는 자가 있다는 말만 들으면 반드시 그를 찾아 질문하여 바로잡았으며, 집안사람들과 서로 말할 때에도 언제나 한어를 썼고, 친구를 만나도 반드시 먼저 한어로 말을 접한 연후에야 본국의 말로 말하곤 했는데, 이로 말미암아 한어에 능통하게 되었다." 1434년(세조 16) 2월 첨지승문원사 이변이 이조 정랑 김하와 함께 『직해소학』을 질문하러 요동으로 떠났다는 것을 기록하면서 덧붙여 쓴 인물평이다.

그는 나이 서른을 넘겨서 문과에 급제했으며 승문원에 들어 열심히 한어를 공부했다는 것, 그리고 마침내 한어에 능통하게 되었다는 것이다. 실록에는 또 다른 기사도 보인다.

전 교리 이변은 이미 문과에 급제하고도 오히려 이학吏學을 즐겨하여 자기의 임무로 생각하고 손에서 책을 놓지 아니하니 역원譯院의 학생들이 모두 그의 교훈 받기를 원합니다. 마땅히 이변을 역학의 훈도로 삼아서 표면에서 인솔하고 선창先唱하여 격려하게 해야 하겠으나, 변이 이제 바야흐로 상중喪中에 있어 1년이 넘지 않았습니다." 좌의정 황희·판부사 허조는 "변이 진실로 이학을 좋아하므로 전번에 기복起復하기를 계청啓請하고자 하였으나 아직 소상小祥에 지나지 않았으므로 하지 못하였습니다."라고 했다. 그러자 세종은 이렇게 말한다. "역학은 실로 국가의 중대한 일이다. 변도 또한 나의 뜻을 몸받아 부지런히 배워 게을리하지 아니하였으니 소상이 지나지 않았더라도 마땅히 기복하게 하여 서반西班의 벼슬을 주도록 하는 것이 좋겠다."

-『세종실록』권45, 세종 11년 9월 6일(기유)

그의 한어 실력이 어떠했는지 알 수 있는 대목이다. 사역원
생도들이 그의 가르침 받기를 원한다는 것, 그런데 현재 상중에
있다는 사정을 말한다. 그럼에도 세종은 기복起復(상중임에도 벼슬
에 나가는 것, 起復出仕)하게 해서 서반 벼슬을 주라고 했다.

이변이 1434년 2월 요동에 가서『직해소학』이 한음漢音(華音,
대륙의 발음)과 다르지 않다는 것을 확인하고 돌아온 후, 세종은
그에게 직해소학을 진강하게 했다. 그는 1473년 6월 고금의 명
현절부明賢節婦 사적을 모아 백화문白話文으로 번역해『훈세평화
訓世評話』를 지었다. 그 책을 지은 까닭은 한어 교과서로 쓰이던
책들(『직해소학』『노걸대』『박통사』등)의 내용이 좋지 않아 새로운 한
어 교과서를 만들기 위해서라 했다.

그는 일흔이 넘을 때까지 승문원과 사역원 제조로 역관, 역
학인 양성에 힘썼으며, 명나라에 30여 회 다녀왔다. 판서를 지
냈으며, 정1품 보국숭록대부輔國崇祿大夫 영중추부사領中樞府事에
이르렀다.

김하金何(?-1462)

김하는 이변과 같이 활약했으며, 그와 더불어 30여 회 명나라에 다녀왔다. 그는 한리지문漢吏之文에 능했던 조숭덕曹崇德의 후계자로 승문원 관리에 추천되기도 했으며(1425), 『직해소학』에 대해 질문하기 위해 요동에 다녀오기도 했다(1434).

김하는 한어에 능했기 때문에 1435년(세종 17) 부친의 상을 입은 와중에도 이학교회吏學敎誨를 맡도록 특별히 기복된 일도 있었다. 1438년(세종 20), 세종은 "김하로 하여금 3일에 한 차례씩 서연書筵에 나아가, 세자에게 『직해소학』과 『충의직언忠義直言』을 가르치도록 하라"라고 했다.

그는 한어에 능통해 세종의 신임을 듬뿍 얻었다. 『세종실록』 세종 21년 9월 10일(을묘) 기사에서 세종은 이렇게 말하기도 했다. "우리나라에서 중국말을 잘하는 사람이 오직 이변과 김하 뿐인데, 이변은 말은 능하나 후중厚重한 기량이 없고, 김하는 후중한 기량이 있어서, 나라 사람 모두 말하기를, '하가 장차 어전御前의 통사가 될 것이라.' 하고, 나도 역시 하가 아니면 안된다고 생각한다."

하지만 부친상을 당해서 "사사로이 창기娼妓를 간통"했다고 사헌부에서 탄핵하기도 했다. "김하는 상중에 모람되게 기생을 간음하여 삼강三綱이 땅을 쓸었습니다." 사헌부에서 계속 그에게 벌주기를 주장했지만, 세종의 신임 하에 김하는 주어진 사행 일을 잘 해냈다. 그래선지 사람들의 시기와 질투도 없지 않았으며, 그러다 보니 아마도 인심을 잃었던 듯하다. 『세종실록』 세종 32년 1월 29일(을사) 기사에는 이런 기록도 보인다. "김하는 중국말을 잘하여 임금이 매우 중하게 여기었다. 그러나 성질이 크게 과장하기를 잘하여 알지 못하는 것도 억지로 아는 체하였다. 임금이 한 번은 쌍성첩운雙聲疊韻을 물었더니 그 체體도 알지 못하면서 억지로 허튼 말로써 대답하였고, 역대의 서찬의주書撰儀注를 상고하였다는 것도 역시 억탁臆度하여 함부로 말한 것이었다."

성삼문成三問(1418-1456)

중국의 음운학, 즉 쌍성첩운雙聲疊韻에도 밝았으며, 많은 업적을 남긴 문신으로는 성삼문과 신숙주가 있다. 성삼문은 세종 20년(1438) 식년시 문과에 급제해 집현전의 여러 관직을 역임하면서, 세종 대에 이루어진 주요 문화 사업에 적극적으로 참여했다. 성균관 주부 시절부터 이미 신숙주 등과 함께 요동에 파견되어 운서韻書에 관한 내용을 조사해 오는 임무를 수행했다. 이후 신숙주와 함께 문자·음운 등에 관련된 업무를 지속적으로 수행하면서 관련 분야의 전문적 지식을 갖추게 되었다.

세종 대 성삼문과 신숙주 등을 요동에 파견한 것은 명나라 황찬黃瓚을 만나 어음語音과 자훈字訓 등을 질정質正하는 업무를 수행하기 위해서였다. 황찬은 요동에 귀양 와 있었다. 이후 두 사람은 박팽년, 최항 등과 더불어『고금운회거요古今韻會擧要』번역,『동국정운東國正韻』편찬,『홍무정운역훈洪武正韻譯訓』편찬 등에 참여하기도 했다. 집현전 학사들과 함께 훈민정음을 창제하는 과정에서도 중요한 역할을 했다. 그들은 1449년(세종 31) 12월 서울에 온 명나라 사신(예겸倪謙)에게 운서 내용에 관하여 질정하기도 했다. 또한 조변안曹變安, 김증金曾, 손수산孫壽山 등과 함께『직해동자습역훈평화直解童子習譯訓評話』를 저술하기도 했다. 성삼문이 서문을 썼다.

세종의 사랑을 듬뿍 받았던 성삼문과 신숙주는 세조의 찬탈 행위 이후 정치적으로 다른 길을 걷게 된다. 성삼문은 박팽년·이개·하위지·유성원·유응부 등과 단종 복위를 시도했으나, 김질의 고발로 실패하고 말았다. 결국 처형되었으며, 사육신의 한 사람이 되었다.

신숙주申叔舟(1417-1475)

1438년(세종 20) 생원시와 진사시에 모두 합격한 뒤, 이듬해 (1439) 친시 문과에 을과로 급제했으며, 1441년(세종 23) 집현전부

수찬을 역임했다. 일본으로 사신을 보낼 때(1442), 그는 서장관으로 뽑혔다. 훈민정음을 창제할 때 참가하여 공적이 많았다.

그는 중국음을 훈민정음의 한글로 표기하기 위해 성삼문과 함께, 유배 중이던 명나라 한림학사 황찬의 도움을 얻기 위해 요동을 열세 차례나 다녀왔다. 언어학자로서의 황찬은 신숙주의 뛰어난 이해력에 감탄했다 한다. 1451년(문종 1) 명나라 사신 예겸 등이 당도하자 성삼문과 함께 시 짓기에 나서 동방거벽東方巨擘이라는 찬사를 받았다. 1452년(문종 2) 수양대군(훗날의 세조)이 사은사로 명나라에 갈 때, 그는 서장관으로 수행해가게 되었다. 그때 수양대군과의 유대가 돈독해진 듯하다. 일찍이 세조는 "당나라 태종에게는 위징, 나에게는 숙주"라고 할 정도로 유대가 깊었다. 사육신을 추앙하는 도학적道學的인 분위기와는 맞지 않았으나, 신숙주의 정치적·학문적 영향력은 실로 컸다.

그는 여러 나라의 음운音韻에 밝아, 여러 역서譯書를 편찬했으며, 또 일본과 여진의 산천 요해要害를 표시한 지도를 만들기도 했다. 그리고 『해동제국기海東諸國記』를 지어 일본의 정치세력들의 강약, 병력의 다소, 영역의 원근, 풍속의 이동異同, 사선私船 내왕의 절차, 우리 측 객사客舍로 보내는 음식인 관궤館饋의 형식 등을 모두 기록해 일본과의 교빙에 도움이 되도록 했다. 또한 그는 사역원 제조로서 역학도 장려했으며, 오랫동안 예조판서

를 지내면서 사대교린 외교정책에서 중요한 역할을 했다. 외교
문서 역시 거의 대부분 신숙주의 윤색을 거쳤다.

이창신李昌臣(1449-1506)

1465년(세조 11) 생원시에 합격하고, 1474년(성종 5) 식년 문과
에 급제한 뒤 홍문관수찬·교리·경연시독관 등을 역임했다. 이
후 공조참의, 예조참의, 형조 참의 등을 지냈다. 성절사聖節使
의 질정관質正官으로 명나라에 다녀왔다(1486). 그는 성종과 명
나라 사신의 통역을 맡아 하기도 했다. 한때 처가 지은 죄로 파
직되었으나 다시 기용되었으며, 승문원에서 한어 교훈을 담당
했다.

한어와 이문에 능했던 그는 승문원 참교를 거쳐 1493년(성
종 24) 종부시정宗簿寺正을 지냈다. 언문에도 밝아서 폐비 윤씨 사
건(1479, 성종 10) 때 인수대비의 언문 의지懿旨를 한문으로 번역했
다. 1501년(연산군 7) 동지중추부사로 정조사正朝使가 되어 명나
라에 다녀왔다. 하지만 갑자사화(1504) 때 연루되어 희생되었다.
한어와 이문에서 그는 당대의 일인자였다.

임사홍(任士洪, 1446-1506)

『사성통고四聲通攷』에 밝았으며, 한어에 능했다. 그래서 관압

사管押使·선위사宣慰使로 명나라에 다녀왔으며, 사역원 강이청講肄廳에서 한어를 가르쳤던 적이 있다. 승문원에서 한어교회를 맡기도 했다(1492).

『성종실록』 성종 20년 11월 20일(갑술) 기사에서 성종은 "중국에서 사신이 왔을 때 한음으로 조서를 읽을 수 있는 사람은 임사홍뿐이었다"라고 했다. 『성종실록』 성종 20년 11월 29일(계미) 기사에서 영사 홍응洪應도 이렇게 평가했다. "임사홍은 독실하게 한학漢學에 뜻을 두었고 또한 한어에 능숙하니, 교훈하게 하는 것이 방해롭지 않을 듯합니다."

『성종실록』 성종 21년 8월 16일(병신) 기사에서는 사역원에서 같이 근무했던 윤필상尹弼商도 이렇게 평가하고 있다: "신臣이 일찍이 임사홍과 사역원에 동좌同坐하였는데, 자훈字訓을 강론함을 정통하였으나, 다만 한인漢人과 상접相接하지 않은 까닭으로 말이 잘 나오지 않는 것을 면치 못하였습니다. … 신의 소견으로는 임사홍의 한어漢語는 국가가 끝내 버릴 수 없는 것이니 … 관압사管押使로 보내어 왕래할 즈음에 한인과 질정質正하여 성취하도록 하여서 후일의 소용에 대비하는 것도 편리하고 유익할 것 같습니다."

여러 논란에도 불구하고 임사홍이 한학과 한어에 능했다는 점만은 인정하고 있다. 그런데 그는 성종의 총애를 업고서 유자

광과 손잡고 도승지를 모함하는 상소를 올렸다가 유배된 뒤 권력에서 소외되었다. 연산군이 즉위한 후 생모 윤비가 죽은 내막을 밀고해 갑자사화를 일으켰으며, 중종반정 때 처형되었다 (1506).

지금까지 문신으로 외국어에 능했던 이들을 몇몇 살펴보았다. 조선 초기의 경우 건국한 지 얼마되지 않아 국가 안보 및 사대교린 외교와 관련해 왕과 문신 사이에 외국어의 역할에 대해 상당한 이해가 있었다. 놀라운 성과를 보여 준 문신도 있었다. 관서로서의 승문원, 그리고 이문吏文과 한어 역시 일정한 위상을 누릴 수 있었다.

하지만 조선 체제가 안정화 되면서 점차로 외국어는 역관이 하는 일처럼 여겨지게 되었고, 문신은 외국어 공부보다는 자신들의 사로仕路에 더 관심을 기울이는 것은 한편으로는 자연스러운 일이었다. 문어文語로서의 한문 해독력과 필담筆談에 대한 자신감 역시 한몫하지 않았을까 싶다. 그 때문인지 조선 후기에는 외국어를 공부해서 후대에 남을 만한 성과를 남긴 문신을 찾아보기가 그렇게 쉽지 않다.

통사 이야기: 통사 열전

최세진: 당대 최고의 언어학자

최세진崔世珍(1468-1542)은 역과에 합격한 후 중인 계급으로 과거에 응시할 수 있는 특전을 받아 1503년(연산군 9) 문과에 급제했다. 갑자사화(1504) 때 처형된 이세좌李世佐에게 추천을 받았다는 이유로 한때 파방罷榜되었다. 명나라 사신의 통역을 잘한 공으로 그 파방이 취소되기도 했다.

성종 대에 역과에 합격하고 선발되어 강이습독관에 보임되었다. 실력이 뛰어나 특별히 질정관質正官으로 차출했다. 언관이 잡직雜職을 질정관에 보임한 예가 없다고 하자, 성종은 이렇게 말했다. "마땅한 사람을 얻었다면 어찌 전례에 구애받으랴? 나로부터 전례를 삼도록 하라."(『통문관지』 권7, 인물조)

그는 여러 차례 사행을 다녀왔으며, 한어·운서韻書를 깊이 연구했으며 이문吏文에도 해박했다. 모든 사대문서가 그의 손에서 나왔다 한다. 내섬시부정內贍寺副正으로 참교參校·한학 교수漢學敎授를 겸하고 있을 때 『사성통해四聲通解』를 완성했다. 『사성통해』「자서」에 이렇게 적었다. "가업家業을 이어받아 배우고부터 뜻을 돈독히 하고 게을리하지 아니하여 이 책을 만들었다." 그는 사역원정司譯院正을 지낸 최발崔潑의 아들이다.

그는 『친영의주親迎儀註』·『책빈의주册嬪儀註』를 언해諺解했으며, 이어 『훈몽자회訓蒙字會』를 완성했다(1527). 그 범례에서 한글 자모음의 명명 및 순서와 받침을 정리해 국어학 연구에 중요한 업적을 남겼다. 또한 『노걸대』, 『박통사』 등을 한글로 번역해, 국어학 발전에 크게 기여했다.

관직으로는 군자감정軍資監正, 첨지중추부사僉知中樞府事, 오위장五衛將, 승문원제조承文院提調를 역임하고 동지중추부사同知中樞府事에 이르렀다.

홍순언: 종계변무宗系辨誣에 공을 세우다

홍순언洪純彦(1530-1598)은 역과에 합격(1531)하여 명나라에 두 번 다녀온 홍겸의 아들이며, 동생 홍수언洪秀彦도 한어 역관이었다. 『통문관지』에 의하면, 홍순언은 명나라에 갔다가 청루靑樓에서 소복한 여인을 도와주었다. 그 여인은 명나라 예부상서 석성石星의 후실이 되어, 그를 만나서 은혜를 갚고자 했다.

그 당시 조선에서 명나라에 대해서 특별히 관심을 기울였던 것은 이른바 '종계변무宗系辨誣' 사안이었다. 조선 건국 때부터 선조 때까지 2백여 년간 명나라 『태조실록太祖實錄』과 『대명회전大

『明會典』에 태조 이성계의 세계世系가 잘못 기록되어 있으니 그 건을 바로잡아 달라고 주청했던 사건이다. 무려 15회나 사신을 파견했지만 처리되지 못했다. 그런데 홍순언은 석성의 도움으로 그 사안을 해결할 수 있었다. 그 공으로 홍순언은 광국공신光國功臣에 책록되고, 자헌대부資憲大夫 당성군唐城君에 책봉되었다.

1592년(선조 25) 4월 임진왜란이 발생하자 명나라에 구원병을 요청하는 사신을 보냈다. 그때 홍순언이 북경에 갔다. 명나라 조정에서는 조선 지원을 반대했지만 당시 병부시랑으로 있던 석성의 도움으로 명나라 군사 5만 명의 파병을 성사시켰다. 그의 아들 홍건洪建은 임진왜란 때 공을 세워 당상관으로 승진했다.

강우성: 『첩해신어捷解新語』를 저술하다

강우성康遇聖(1581-?)의 본관은 진주晉州이다. 부친은 1579년(선조 12) 주학에 합격한 산학교수 강유경康有慶, 조부는 사옹원 봉사 강승보康承輔, 증조부는 강순康順, 외조부는 변윤보邊潤寶(본관 원주)이다. 처부는 1594년(선조 27) 주학에 합격하고 계사, 인의引儀를 역임한 경위慶禕(본관 청주)이다. 본가와 처가가 모두 주학 전공자들이었다. 그런 가문의 배경에 힘입어 그는 26세에

1606년(선조 39) 주학 취재에 합격한 뒤 호조 계사(종8품)를 역임한 전력이 있다.

그런데 강우성은 1609년(광해군 1) 역과 증광시에 29세의 나이로 19명(1등 1명, 2등 5명, 3중 13명)을 선발하는 데 3등의 성적으로 뽑혔다. 전공은 왜학이다. 말하자면 주학에서 왜학으로 전공과목을 바꾼 셈이다. 그는 전후 다섯 차례에 걸쳐 부산훈도釜山訓導에 임명되어 일본과의 통상 외교 임무를 수행했다. 또한 1617년과 1624년, 1636년 역관으로서 연이어 세 차례나 일본에 다녀왔는데, 특히 첫 번째와 두 번째에는 임진왜란 때 일본으로 끌려간 포로들을 데려오는 일의 뒷바라지를 위해, 멀고 가까움을 마다하지 않고 뛰어다닌 사실이 당시의 기록에 남아 있다. 그는 가의대부嘉義大夫, 가선대부嘉善大夫, 교회敎誨 등을 역임했다.

이처럼 그가 화려하게 변신할 수 있었던 것은, 임진왜란 당시 포로의 한 사람으로 일본에 끌려가 10년간 억류생활을 했기 때문이다. 진주성 함락과 더불어 많은 사람들이 포로로 잡혀 갔는데, 그들 속에 당시 12살이었던 그도 있었다. 그는 오사카大阪, 교토京都 부근에서 억류 생활을 보내야만 했다. 1600년 9월 세키가하라전투關ヶ原戰鬪가 일어났을 때 도쿠가와德川家康 쪽에서 전투 광경을 직접 목격하기도 했다. 1601년(선조 34) 6월 일본으로 끌려갔던 포로들 중 남녀 250명이 송환되어 부산으로 돌

아왔는데, 그 때 귀국할 수 있었던 듯하다. 어려서 그런 체험을
한 그로서는 일본의 풍속을 잘 알게 되었으며 일본어에도 능통
하게 되었던 것이다.

강우성은 이러한 자신의 경험을 살려서 『첩해신어』를 저술
할 수 있었다. 『첩해신어』는 전체 10권이다. 그 책의 원고가 모
두 완성된 시기는 1625년 이후 혹은 1636년 이후로 추정되지
만, 책이 실제로 교서간에서 간행된 것은 1676년(숙종 2)이었다.
1678년부터는 이 책이 사역원 왜학의 시험용 교과서로 쓰였다.

김지남과 김경문: 『통문관지通文館志』를 편찬하다

김지남金指南(1654-?)의 본관은 우봉牛峰이다. 1672년(현종 13)
식년시 역과에 합격했으며, 다섯 아들이 역과에 합격했다. 김
경문金慶門은 1690년(숙종 16) 식년시 역과에 합격했다. 김지남은
문사文詞와 한어에 유창했다. 1714년(숙종 36) 사신을 수행하면서
보고들은 사실들을 참고로 사대와 교린의 외교에 관한 연혁·역
사·역관제도 등을 체계화한 『통문관지』를 아들 김경문과 함께
편찬했다. 그 책은 국내뿐 아니라 청나라와 일본에까지 유포,
그곳 외교관들에게도 조선에 관한 지침서가 되었다.

1712년(숙종 38) 청나라와 국경선을 확정 짓기 위해 양국 대

표가 회동했을 때, 김지남은 아들 김경문과 함께 수행해 청나라 대표 목극등穆克登을 상대로 하여 백두산정계비白頭山定界碑를 세우는 데 공이 컸다. 청나라 대표 목극등과 여러 차례 따지고 밝힌 끝에 백두산 천지 북쪽을 청나라 땅으로 하고 남쪽을 우리나라의 땅으로 정하여, 천지가에 비석을 세워 경계로 삼았다. 또 산의 형태와 강역을 두 벌 그려 한 벌은 중국에서 가지고, 한 벌은 우리나라에 두었다.

김지남은 사행 역관으로 파견될 때마다 청나라에서 국법으로 금했던 화약을 만드는 흙을 달이는 법인 자초법煮硝法을 탐구해 그 방법을 터득했다. 조정에서는 그 방법에 따라 화약을 제조하여 큰 성과를 보았다. 숙종의 윤허를 얻어 제조 방법을 수록한 『신전자초방新傳煮硝方』을 저술해 군기시軍器寺에서 간행, 반포했다. 이 책에 대해서 정조는 '금석金石과 같은 성헌成憲'이라 높이 평가했다. 그는 정2품 자헌대부, 정2품 지중추부사 등을 역임했다.

김범우: 최초의 천주교 순교자

김범우金範禹(1751-1786)의 본관은 경주慶州이다. 1773년(영조 49) 증광시 역과에 한학 전공으로 합격했다. 영조와 정조 시대

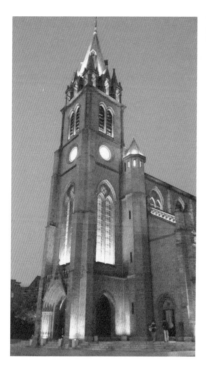

그림 22 명동성당, 사진 이남희

역관으로 활약했으며 사행 역관인 한학우어별체아漢學偶語別遞兒로 중국 대륙의 정세와 문화 동향에 어느 정도 식견을 갖출 수 있었다. 한역漢譯 양학서洋學書 등도 접할 수 있었다.

김범우는 서학西學과 관련하여 주목되는 인물이다. 그는 최초의 영세자 이승훈李承薰으로부터 세례를 받아 교인이 되었다. 세례명은 토마스Thomas이다. 자신의 집을 신앙집회 장소로 제공했을 뿐 아니라 찾아오는 인사들을 권면해서 천주교에 입교하게 했다. 1785년(정조 9) 이벽李蘗, 이승훈李承薰, 정약전丁若銓, 정약용丁若鏞, 정약종丁若鍾, 권일신權日身 등 남인 학자 수십 명이 그의 집에 모여 예배를 보다가 당국에 발각되었다. 다른 사람들은 양반 명문 가문 출신이라 방면되었으나, 중인이었던 그는 혹독한 고문을 받고 단양丹陽으로 유배되었다. 이 사건이 1785년(정조 9)에 일어난 을사추조적발사건乙巳秋曹摘發事件이다.

그때 받은 장형杖刑 상처의 악화로 유배된 지 일 년 만에 죽었다. 조선 최초의 천주교 순교자가 된 것이다. 그 후 김범우의 집터(명례방)에 성당 자리를 잡게 되었다. 그 성당이 오늘날 서울의 명동성당明洞聖堂이다. 명동성당은 1892년(고종 29)에 착공하여 1898년에 준공했다.

이상적: 〈세한도歲寒圖〉의 주인공

역관 이상적李尙迪(1804-1865)이 일반인들에게 널리 알려지게 된 것은, 추사秋史 김정희金正喜(1786-1856)가 그를 위해 그려 준 〈세한도歲寒圖〉 때문이다. 추사는 1840년(헌종 6) 제주도로 유배되어 9년 동안 외롭게 살았다. 일찍이 추사에게 시詩·서書·화畵를 배웠던 이상적은 청나라에 다녀올 때마다 새로운 책을 가져다주고 청나라 문인들의 편지도 전달해 주었다. 그 지극한 정성

그림 23 〈김정희 필 세한도〉, 국립중앙박물관 소장

에 감동한 추사가 그려 준 그림이 세한도이다(1844).

'세한'은 『논어』의 "날씨가 추워진 뒤에야 소나무와 잣나무의
잎이 나중에 시드는 것을 안다(歲寒然後知松栢之後凋)"라는 구절에
서 따온 것이다. 「세한도 발문」에서 추사는 이렇게 적고 있다.

지난해(1843, 헌종9)에 『만학집晚學集』과 『대운산방집大雲
山房集』 두 책을 부쳐주었고, 금년에 또 우경藕畊이 지은
『황청경세문편皇淸經世文編』을 부쳐 주었다. 이들 책은
모두 세상에서 언제나 구할 수 있는 책이 아니니, 천만
리 먼 곳에서 구입하고 여러 해를 거듭하여 입수한 것
이지, 한 때에 해낸 일이 아니다. 그리고 세상의 도도
한 풍조는 오로지 권세가와 재력가만을 붙좇는 것이

다. 이들 책을 구하려고 이와 같이 마음을 쓰고 힘을 소비하였는데, 이것을 권세가와 재력가들에게 갖다주지 않고 도리어 바다 건너 외딴섬에서 초췌하게 귀양살이하고 있는 나에게 마치 세인들이 권세가와 재력가에게 붙좇듯이 안겨 주었다.

사마천이, "권세나 이익 때문에 사귄 경우에는 권세나 이익이 바닥나면 그 교제가 멀어지는 법이다" 하였다. 그대 역시 세속의 거센 풍조 속에서 살아가는 한 인간이다. 그런데 어찌 그대는 권세가와 재력가를 붙좇는 세속의 도도한 풍조로부터 초연히 벗어나, 권세나 재력을 잣대로 삼아 나를 대하지 않는단 말인가? 사마천의 말이 틀렸는가? … 지금 그대가 나를 대하는 것을 보면, 내가 곤경을 겪기 전에 더 잘 대해 주지도 않았고 곤경에 처한 후에 더 소홀히 대해 주지도 않았다. 그러나 나의 곤경 이전의 그대는 칭찬할 만한 것이 없겠지만, 나의 곤경 이후의 그대는 역시 성인으로부터 칭찬을 들을 만하지 않겠는가? 성인께서 유달리 칭찬하신 것은 단지 엄동을 겪고도 꿋꿋이 푸르름을 지키는 송백의 굳은 절조만을 위함이 아니다. 역시 엄동을 겪은 때와 같은 인간의 어떤 역경을 보시고 느끼신 바가 있어서이다….

이상적은 스승이 그려 준 그 그림을 북경으로 사행갈 때 가
지고 갔다. 1845년(현종 11) 1월 북경 우원寓園에서 열린 연회에
서, 그는 그 그림을 청나라 문인들에게 보여 주었다. 그들(16명)
은 거기에 시와 발문을 써 주었다. 이를 포함해서, 그 후 문인들
이 쓴 감상문(22편)이 덧붙여져서, 아주 긴 두루마리(14.695m) 형
태로 전해진다.

그는 우봉이씨牛峰李氏로, 9대에 걸쳐 30여 명의 역과 합격자
를 배출한 역관 집안 출신이다. 1825년(순조 25) 역과 한학에서
그는 1등으로 합격했다. 증조부 이희인과 조부 이방화가 역관
교육기관 교회청敎誨廳 훈상訓上(정3품)을 지냈으며, 생부生父 이정
직李廷稷도 사역원 첨정僉正(종4품)을 지냈으며, 양부養父 이명유李
命裕는 전의감典醫監 정正(정3품)을 역임했다. 아우 상건, 사촌 상
익, 조카 용준은 연행燕行 사절단 수역관首譯官과 교회청 훈상을
지냈다. 손자 대에 이르러서도 손자 셋(태정, 태영, 태준)이 모두 역
관으로 청나라에 드나들었다.

이상적은 27세 되던 1829년(순조 29)부터 환갑이 지난 1864년
(고종 1)까지 열두 차례나 청나라에 다녀왔다. 한 번 왕복하는 데
반년 넘게 걸렸고 준비 기간까지 감안하면, 젊은 시절의 절반은

외국에서 머문 셈이다. 그는 1847년 북경 유리창에서 문집『은
송당집恩誦堂集』을 간행했다. 국내외에서 문인들과 주고받은 시
문들을 모아서 12권 목판본으로 간행한 것이다.

　시인이자 서예가로 이름이 높았던 그는 아버지 천뢰 이정
직의 시문집『천뢰시고天籟詩稿』를 북경에서 간행하기도 했다
(1858). 역관이었지만 그는 온양군수를 거쳐 정2품 지중추부사
에 이르렀다. 그의 학문과 예술은 제자 오경석, 오세창으로 이
어지게 된다.

오경석: 개화파의 비조

　역관 오경석吳慶錫(1831-1879)의 본관은 해주海州이다. 그는 박
규수, 유대치와 더불어 우리나라 개화파의 비조鼻祖의 한 사람
으로 꼽힌다. 그는 대대로 내려오는 역관 집안 출신으로, 앞에
서 본 이상적의 제자이다. 오경석의 아버지 오응현吳膺賢(1810-
1877)은 16세 나이로 역과에 2등으로 합격했다(1825). 그 시험에
서 1등으로 합격한 사람이 이상적이었다. 오응현은 친구 이상
적에게 아들의 교육을 맡겼다. 오경석의 동생들 모두 합격해五
子登科 5형제 역관 집안으로 유명했다. 대표적인 중인 집안들의
족보를 종합한『성원록姓源錄』을 편찬한 사위 이창현도 역관이

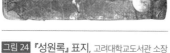

그림 24 『성원록』 표지, 고려대학교도서관 소장   그림 25 『성원록』 본문, 고려대학교도서관 소장

었다.

오경석은 이상적 문하에서 한어와 서화를 공부했다. 가학家
學으로 박제가朴齊家의 학문도 공부했다. 1846년(헌종 12) 역과에
합격했다. 오경석은 처음 북경에 가서(1853) 같은 또래의 청나라
지식인들과 사귀기 시작했다. 스승 이상적의 소개로 빠른 시일
안에 많은 사람을 만날 수 있었다. 그들과의 교류를 통해서 그
는 세상이 어떻게 가고 있는지 알 수 있었다. 그는 청나라와 서
양 문물을 받아들이고자 했다. 그는 아편전쟁과 태평천국의 난

도 지켜보았다. 그리고『해국도지海國圖志』,『영환지략瀛環志略』,
『박물신편博物新編』,『중서견문록中西見聞錄』 등의 서적을 구입해
왔다.

　북경 사행을 통해서 재산을 늘린 오응현은 아들 오경석에게
큰 재산을 물려주었다. 오경석 역시 역관으로 모두 13회에 걸
쳐서 청나라에 다녀올 수 있었다. 그는 인삼 무역을 통해서, 그
리고 북경 유리창을 드나들면서 골동품과 진귀한 서화 등을 사
들였다. 오경석의 아들 오세창이『근역서화징槿域書畵徵』이라는
저술을 남기게 된 것 역시 그가 수집한 골동 서화 덕분이었다.

　그간의 외교활동의 공적을 인정받아 오경석은 1869년(고종
6) 통정대부, 1873년(고종 10) 가선대부, 1875년(고종 12) 자헌대부,
1877년(고종 14) 숭정대부를 거쳐 숭록대부의 직함을 받았다. 서
화 수집에 취미를 가져 중국과 국내에서 방대하고 희귀한 서화
들을 수집·수장했다. 매화를 잘 그려 일가를 이루었고, 예서隷
書와 전자篆字를 잘 썼다. 금석학에도 일가를 이루어『삼한금석
록三韓金石錄』을 지었으며, 각지의 비석과 유적을 두루 답사했다.
그 외에 쓴 책으로『삼한방비록三韓訪碑錄』·『천죽재차록天竹齋箚
錄』·『양요기록洋擾記錄』 등이 있다.

오세창: 민족대표 33인의 한 사람

오세창吳世昌(1864-1953)의 본관은 해주海州, 호는 위창葦滄, 자는 중명仲銘이다. 그는 3·1 독립선언(1919) 때에 민족대표 33인의 한 사람이었으며, 그에 앞서『만세보』를 창간하고 사장을 맡아 언론인으로 활동하기도 했다. 하지만 오경석의 아들로서 그 출발점은 한어 역관이었다.

박문국博文局 주사로 시작하여『한성순보』기자를 겸하다 군국기무처 총재비서관·농상공부 참의參議·우정국 통신원국장 등을 역임했다. 일본 문부성文部省에서 동경외국어학교 조선어 교사로 초청해 거기서 1년간 가르쳤다. 귀국 후 쿠데타 모의에 연루되어 일본으로 망명했다. 손병희孫秉熙를 만나서 천도교 신자가 되었다.

그는 방대한 양의 골동품과 고서화를 수집했을 뿐만 아니라 감식에도 조예를 가지고 있었다. 그들을 체계적으로 분류하여 정리해『근역서화징』으로 출간했다(1928). 신라의 솔거에서 책이 나오기 직전 타계한 정대유에 이르기까지 천여 명에 이르는 화가, 서예가의 작품과 생애에 관한 원문을 초록하고 출천을 표시했다. 최남선은『동아일보』서평에서 "암해闇海의 두광斗光", 즉 어두운 바다에 빛나는 북극성이라 높이 평가했다.

김홍륙: 고종의 러시아어 통역관

김홍륙金鴻陸(?-1898)의 본관은 수안遂安, 함경도 경흥에서 태어났다. 천민 출신이지만 블라디보스토크를 왕래하며 러시아어를 익혀 역관으로 특채되었다. 그는 유럽 문명에 일찌감치 눈을 떴으며, 러시아 연해주에 거주하다 수도 페테르부르크로 이주해 러시아어와 프랑스어를 익혔다. 상당한 실력과 소양을 갖추었던 셈이다. 현재 전해지고 있는 당시의 통역 자료를 통해서도 미루어 알 수 있다.

이범진李範晉이 러시아 공사 카를 베베르Karl Ivanovič Veber와 조로수호통상조약을 체결할 때, 그는 러시아어 통역관으로 활약했다(1884-1885). 아관파천(1896) 때에는 비서원 승으로 있으면서, 고종과 러시아 공사 카를 베베르의 통역을 맡았다. 고종의 각별한 총애를 받았으며, 학부협판學部協辦(차관)으로 승진했다. 1897년(고종 34) 2월 정2품 품계를 받았으며, 귀족원 貴族院 卿에 임용되었다. 통역으로는 고위직에 오른 것이다.

그는 고종의 총애와 러시아의 세력을 배경으로 온갖 전횡을 자행하는 한편, 궁궐을 무상출입하고 독립협회를 헐뜯었다(고 한다). 마침내 거액을 착복한 혐의로 흑산도에 유배 가게 되었다. 떠나기 전, 고종의 커피에 독약(아편)을 넣어 살해하려는 이른바 '독다사건毒茶事件'을 꾸몄다(고 한다). 고종은 커피를 뱉었으나, 그냥 마신 순종은 이가 18개나 빠졌다(고 한다). 김홍륙은 반역죄로 교수형을 당했다.

'독다사건' 의혹에 대해서 약간의 다른 시각도 없지 않다. 하지만 최초의 러시아어 통역으로, 약 15년 동안, 특히 아관파천을 전후한 시기에 중요한 역할을 한 것만은 분명하다. 고종의 총애를 받고, 또 러시아와 가까웠던 만큼 많은 시기와 질시도 없지 않았던 듯하다.

김득련: 한시 쓰며 세계일주하다

김득련金得鍊(1852-1930)은 명문 역관 가문 우봉김씨로, 청나라와 국경을 획정할 때 활약한 김지남이 그의 7대조이다. 김득련은 한어 역관으로 1896년(고종 33) 러시아 황제 니콜라이 2세의 대관식에 파견된, 민영환 특사가 이끄는 사절단에 동행했다. 사절단은 ① 민영환: 궁내부특진관, 사절단 대표 (특명전권공사), ② 윤치호: 학부협판, 1급 수행원 역할(영어 통역), ③ 김득련: 2등 참서관 (중국어 통역 담당), ④ 김도일: 3등 참서관 (러시아어 통역 담당), ⑤ 손희영: 민영환의 시종, ⑥ 시테인Stein, 師德仁: 조선의 러시아 공사관 서기관으로 구성되었다. 윤치호는 영어 통역, 김도

일은 러시아어 통역을 맡았다. 그는 사행기록 『환구일록環璆日錄』과 『부아기정赴俄記程』을 남겼다.

러시아어와 영어를 모르는 한어역관 김득련이 수행원으로 따라가게 된 데에는 이유가 있었다. 고종을 위한 한문 보고서를 올려야 했기 때문이다. 민영환은 『해천추범海天秋帆』을 간행했는데, 그것은 김득련이 한문으로 기록한 『환구일록』에서 3인칭 '공사公使'를 1인칭 '余나'로 바꾸고, 1인칭余을 김득련으로 바꾸어 간행한 것이다. 1896년(고종 33) 4월 1일 출발부터 10월 21일 돌아올 때까지 사행의 여정을 구체적이고 생동감 있게 기록했다.

김득련은 가는 곳마다 자신의 감상을 담은 한시를 썼으며, 그들을 묶은 시문집 『환구음초』를 남겼다. 그 시문집은 1897년 초 교토에서 신활자본으로 출간되었다. 오언절구 4수, 오언율시 5수, 칠언절구 111수, 칠언율시 13수, 칠언장시 3수, 모두 136수의 한시가 수록되어 있다. 최초의 세계일주 여행을 한시로 기록한 것이라 할 수 있다. 그 시대 러시아를 비롯한 유럽 각국과 미국, 나아가 연해주 한인의 상황까지 생생하게 그려 내고 있다. 그는 전등 불빛과 기차 등 새로운 풍물을 보면서 때로는 놀라고 탄식하기도 했다. 서양 여인들이 가슴을 훤하게 드러낸 것을 보고 심한 충격을 받기도 했다. 자전거를 처음 보고서 그가 지은 '독행차獨行車'라는 시를 보기로 하자.

그림 26 김득련의 세계일주 시문집 『환구음초』 국립중앙도서관 소장

손으로 핸들 잡고 발로 페달 밟으며

手持機軸足環輪

바람처럼 내달리는데 먼지도 나지 않네

飄忽飛過不動塵

어찌 수레 끈다고 여섯 필 말 고생 시키랴

何必御事勞六轡

느리고 빨리 가는 것도 내 몸이 스스로 하네

自行遲速在吾身

-『환구음초』

참고로 사절단의 일원으로 러시아에 갔던 윤치호는 자신의
영문일기(1896.5.29.)에서 고종이 러시아 황제에게 보낸 선물에
대해서 다음과 같이 적고 있다.

5월 29일 금요일. 맑음.
아름다운 날. 오전 10시에 파스콤 장군과 함께 크렘린
궁으로 가서 조선 국왕이 황제에게 보내는 선물을 제
국 문서보관소에 맡겼다. 선물은 자수병풍 2개, 큰 대
나무 발 4개, 돗자리 4장, 자개장 1개, 놋쇠 화로 2개 등
이다. 이런 것들은 조선인 한 개인이 러시아인 한 개인
에게 한 선물이라면 넘어갈 수 있다. 그러나 국왕이 황
제에게 보내는 선물로서는 부끄러울 정도로 빈약하다.
나는 문서국을 담당하고 있는 직원들을 쳐다볼 낯이
없었다. 가난한 조선!

　　　　　　　　 -『윤치호 영문일기』권3, 1896년 5월 29일

29th. Friday. Beautiful day.
At 10 a.m. went to the Kremlin, with General Pascom to
deposit the presents from the King of Corea to the Emperor,
in the Imperial Archives. The presents consisted in,

Korea.

1. Колл. Секр. Штейн, 2. Драгоман Ким-до-Но, 3. Секр. Кил-дин-Нен, 4. Сановн. Юнн-чи-Хо, 5. Чрезв. Посл. Мин-Юнн-Хуан, 6. Гнер.-М-ръ Пашков, 7. Колл. Ассес. Планчовъ.

그림 27 니콜라이 2세 대관식 손님으로 모스크바에서 파시코프M. A. Пашков 소장을 만난 조선 사절단, romanovempire.org 에서 전재

앞줄 왼쪽부터 김득련, 윤치호, 민영환(가운데), 뒷줄 왼쪽은 김도일, 오른쪽은 손희영

2 embroidered screens, 4 large bamboo window-screens, 4 mattings, 1 mother-of-pearl inlaid cabinet, 2 nickel braziers. These might pass for a present from a private Corean to a private Russian. But as the gift of a King to an emperor, they are shamefully poor. I had scarcely the cheeks to look at the officers who have the charge of the archives. Impoverished Corea!

고영철: 보빙사 수행원으로 미국 가다

고영철高永喆(1853-?)의 본관은 제주고씨濟州高氏이다. 그는 1876년(고종 13) 한어로 역과에 합격했다. 그의 부친은 한어 역관 고진풍高鎭豊(1812-?)으로, 1828년 식년시 역과에 합격했다. 고 진풍은 네 아들[고영주高永周(1839-?), 고영희高永喜(1849-1916), 고영선高永善 (1850-?), 고영철]이 모두 역과에 합격, 역관으로 활약했다. 둘째 고 영희는 왜어를 전공했으며, 나머지 셋은 한어를 전공했다.

고영철은 1881년(고종 18) 군기軍器 제조하는 법을 배우기 위 해 영선사領選使 김윤식金允植을 따라 청나라 천진天津에 갔다. 개 항 이래 일본과 서양의 한반도 진출을 우려한 고종이 중국과 서 양의 문물과 제도를 배워 오도록 했기 때문이다. 같이 간 학도는 모두 25명, 7명이 어학을 배우기 위해 수사국水師局에 있는 중서학당中西學堂 입학시험을 치렀다. 고영철은 합격자 3명에 들었다. 시험과목은 양음洋音 발음과 『좌전左傳』 읽는 법 등이었다. 합격자 두 사람은 곧 자퇴하고, 고영철만 끝까지 남아서 영어 공부에 주력했으며 언어에 재능이 있다고 평가받았다.

귀국 후 그는 『한성순보』를 발행하던 통리아문 박문국의 주사로 편집 실무를 맡았다. 기사는 상해에서 발행된 신문 『신보申報』와 『호보滬報』에서 전재한 것이 많았다. 청나라에 다녀온 고영철은 한문, 한어에 능하고, 영어도 조금 배웠으므로 적격이었다. 그는 보빙사 사절단의 일원으로 미국에도 다녀왔다. 한어에 능하고 갓 영어도 배운 그는 자연스럽게 수행원으로 합류했다. 당시 로웰은 영어에 유창한 일본인 미야오카 쓰네지로를 개인 비서로 채용했다. 중역(이중통역)으로 소통이 이루어지던 시대였다. 귀국 후 고영철은 영어 교육을 위해 설립된 동문학同文學의 주사로 근무하게 된다.

한어 역관으로 청나라와 미국 경험을 직접 경험한 고영철은 아들 넷을 두었다. 고희명高羲明(1873-1934), 고희중高羲重, 고희동高羲東(1886-1965), 고희승高羲升이 그들이다. 고희명은 영어 교육을 위해 설립(1886)된 육영공원, 고희동은 관립법어학교, 고희승은 경성학당을 졸업했다. 아버지의 경험 때문인지 세 아들이 각

각 영어와 법어와 일어를 공부했다. 한 가족에서 한어, 영어, 법어, 일어가 가능해진 것이다.

한편 왜어로 합격한 고영희는 고영철의 둘째 형이다. 그는 1881년(고종 18) 신사유람단의 상역관上譯官으로 일본에 파견되었다. 귀국할 때에는 일본공사를 수행했다. 외임직을 거치다 기기국機器局 빙판幇辦 등을 지냈다. 그러다 독립협회 발기인 14명 가운데 한 사람으로 참여, 개화운동에 적극적으로 나섰으며, 일본세력을 등에 업고 법부대신이 되었다. 1910년 이완용 내각의 탁지부대신이 되어 '한일합병조약'에 서명하고 일본정부로부터 자작 작위를 받았다.

고영희는 아들 둘을 두었다. 고희경高羲敬(1873-1934)과 고희성高羲誠(1874-?)이 그들이다. 두 아들 역시 1881년 천거로 사역원에 입속했다. 그 또한 역관의 길을 걷고자 했다. 그런데 고희경은 육영공원에 입학했으며, 우수한 성적에 힘입어 증광시 진사시에 합격했다(1891). 이후 외아문 주사를 거쳐 외교 업무와 번역 등에 종사했다. 한편 고희성은 관립한어학교(1891)에, 이어 관립영어학교(1894)에 입학했으며, 식년시 진사시에 합격했다(1894). 이후 그는 외국어학교 교관으로 임명되었다(1897). 그러다 주일공사 수원隨員, 궁내부 예식간 등을 역임했다. 고희경의 아들 고흥겸高興謙(1893-1939)은 도쿄대학 농과대학을 졸업한 후,

일본 농무성 등에서 관료로 활동했다.

　고영철과 그의 가계는 전통적인 사역원 체제에서 관립외국어학교의 6개 외국어체제로 이행하는 과정을 상징적으로 보여 주고 있다. 그 세대까지는 전통적인 사역원 체제에 따라서 공부했다면 그 다음 세대는 육영공원, 관립한어학교, 관립영어학교, 관립법어학교, 경성학당에 진학해서 외국어를 공부하는 양상을 보여 준다. 그러면서도 고영희의 두 아들, 고희경과 고희성은 진사시에 합격했다는 것 또한 일종의 과도기적인 현상이라 할 수 있다. 하지만 한 가지 중요한 사실은 새로운 외국어가 어느새 당시 사회에서 신분 상승과 출세의 도구로 작동하기 시작했다는 것이 아닐까 한다.

나오는 말

조선시대의 외국어 학습과 교육은 거시적으로 보자면, 5백여 년 동안 지속되었던 '사역원의 4학 체제'에서 '관립외국어학교 6개 외국어 체제'로 이행해 갔다고 볼 수 있으며, 그 사이에 이행기 내지는 사역원과 관립외국어학교가 병존하는 '공존기'가 있었다고 할 수 있다. 이제 앞에서 논의한 내용을 시기별로 요약, 정리하는 것으로 이 책을 마무리하고자 한다.

(1) 조선 초에서 시작되어 갑오경장 때까지 오랫동안 유지된 사역원 체제하에서 중요한 외국어는 4학, 즉 한학, 몽학, 왜학, 여진학으로 출범했다. 설치된 순서가 곧 그 비중과 위상을 말해 주고 있다.

우선 한어는 한자문화권에서 가장 중요한 외국어로서 줄곧 동아시아 국제질서 속에서 국제공용어 역할을 해왔다. '사대교린事大交隣' 정책에서 사대 부분을 떠맡고 있는 중요 외국어이기도 했다. 서로 말은 통하지 않을지라도 문어文語, 필담筆談을 통해서 상당한 수준의 의사전달은 가능했다. 양반들이 역관들을 얕잡아본 것 역시 그와 무관하지 않다.

몽어가 두 번째 자리를 차지할 수 있었던 것은 시대적 상황과 무관하지 않았다. 몽골족이 세운 제국 원나라, 그 영향권 하에 있었던 고려 후기 상황, 그리고 원나라와 명나라의 교체라는 중국 대륙에서의 거대한 정치적 변동이 이루어지고 있었기 때문이다. 또한 고려 말에 설치된 관서로서의 사역원司譯院이 조선조에 들어서 같은 이름을 썼다는 것도 중요한 측면이다. 고려의 유산을 이어받았다.

한학과 몽학, 그리고 거기에 왜학과 여진학이 덧붙여짐으로써 4학 시스템이 갖추어지게 되었다. 하지만 그 같은 4학 체제가 고정되어 갑오경장 때까지 그대로 지속된 것은 아니다. 그 틀 안에서 큰 변화도 나타났다. 그것은 임진왜란(1592)과 정유재란(1597), 정묘호란(1627)과 병자호란(1645) 같은 전쟁, 그리고 그 전후처리 과정이 가져다주었다. 동아시아 국제질서라는 틀 안에서 거대한 변화가 일어난 것이다. 중국 대륙에서의 명청明淸 교체가 가장 거대한 것이었다.

여진학은 '청학'(청어, 만주어)으로 이름을 바꾸었을 뿐만 아니라 외국어 서열과 비중에서도 몽학의 자리를 차지하게 된다. 서로 자리를 바꾼 것이다. 청나라가 대륙의 패권을 차지하고, 그에 따라 청학의 비중이 커졌지만, 전체적으로 한어의 위상에는 변화가 없었다. 청나라 역시 한어를 공용어로 사용하고 있었기 때문이다.

또한 두 차례에 걸친 왜란, 그리고 강화 교섭과 전후처리 과정은 왜학의 비중을 크게 만들지 않을 수 없었다. 그 나라와의 관계가 커지고 밀접해지면, 그 외국어의 비중 역시 커지는 것이 당연하다. 설령 전쟁이라는 '적대적 행위'라 할지라도 다를 바 없다. 오히려 중요성이 부각되었다. 적대적 행위의 중단과 강화 교섭, 그리고 포로 귀환 등의 사안을 처리하기 위해서라도 그 외국어가 필요하기 때문이다.

(2) 거의 5백여 년에 이르는 사역원과 4학[한학, 여진학(청학), 왜학, 몽학] 시스템은 19세기 중반에 들어서 크게 흔들리기 시작했다. 서세동점 현상과 전 지구적 규모의 근대 세계시스템 구축, 팽창 과정은 고요한 아침의 나라 조선에도, 특히 조선의 외국어에도 변화를 강요하게 되었다.

무엇보다 국제관계, 국제정치의 권역 자체가 크게 그리고 급격하게 바뀌고 있었다. 오랫동안 안정을 유지해온 동아시아 국제질서는 서구 열강이 만들어 낸 근대 세계시스템과 만국공법 체제에 직면하지 않을 수 없었다. 중국과 일본은 이미 그런 새로운 체제 속에 편입되고 있었다. 조선에게도 '국제관계'를 맺어야 하는 새로운 국가들 — 외국들이 나타나게 된 것이다. 국제환경의 변화와 더불어 새로운 국가들(외국들)이 등장했으며, 따라서 새로운 외국어 역시 필요하게 된 것이다. 종래의 사역원과 4학 체제만으로는 감당할 수 없게 되었다.

그것은 1882년(고종 19) 체결된 조미조약, 그리고 미국에 파견된 보빙사 사절단의 구성에서 단적으로 나타났다. 조선 측에서 직접 영어를 통해서 의사소통을 할 수가 없었다. 먼저 중국어, 일본어로 통역되고, 그것을 다시 영어로 미국 측에 전달해야만 했고, 영어 역시 중국어, 일본어로 번역된 다음에 조선 측에 전해져야만 했다. 이른바 '중역重譯' 혹은 '이중통역二重通譯'이라는 번거로움을 감수해야만 했다. 미국에 파견되는 보빙사 사절단에 중국인 통역과 일본인 통역이 같이 간 것도 그 때문이다.

그 같은 중역(이중통역)을 위해서, 일시적으로나마 한어(중국어)와 왜어(일본어)의 역할이 더 커졌다고 해도 좋겠다. 말하자면 중국어와 일본어 통역을 통해서 낯선 서양 언어를 이해하게 된 것이다. 역관들이야말로 새로운 서양 언어의 필요성을 절감하게 되었을 것이다. 하지만 그것이 근본적인 해결책이 될 수는 없었다.

새로운 외국어를 배우려는 노력이 필요했으며, 또 실제로 시도되었다. 한편으로는 종래의 사역원 체제가 그대로 유지되면서, 다른 한편으로는 새로운 학교를 세워서 외국어를 가르치려는 시도라는 이원적인, 혹은 공존 현상이 나타나게 되었다. 이 점이 주목된다.

첫 번째 시도로, 영어교육을 위해서 동문학이 설립되었다 (1883년, 고종 20). 한국 최초의 근대식 교육기관이자 영어학교 동문학은 독일인 외교통상 및 해관고문 묄렌도르프Paul Georg von Möllendorff의 건의에 따른 것이었다. 이름 자체가 그러하듯이 청나라의 동문관同文館을 모델로 삼은 것이다. 영어 교육을 위해서 청나라 사람 오중현吳仲賢과 당소위唐紹威가 오게 되었다. 미국 유학을 했다지만 중국인이 영어를 가르쳤다는 사실 자체가 상징적이다. 물론 뒤에 영국인 핼리팩스T.E.Halifax가 주무 교사로 임명되면서 주로 영어를 가르쳤다.

다음으로 육영공원의 설립(1886, 고종 23)을 들 수 있겠다. 보빙사로 다녀온 민영익을 비롯한 개화파의 주장에 따라 본격적으로 영어를 가르치는 정식학교로 출범했다. 미국인 헐버트 H.B.Hulbert, 벙커D.A.Bunker, 길모어G.W.Gilmore 등이 영어를 가르쳤다. 나중에는 허치슨W.F.Hutchison과 핼리팩스가 가르치기도 했다. 젊은 현직 관료들로 구성된 좌원左院과 총명한 양반 자제를 선발한 우원右院이 있었다. 육영공원에 대해서는 다양한 평가가 내려지고, 그 한계 또한 지적되고 있다. 하지만 외국어, 특히 영어에 주목해서 가르쳤다는 점에서는 하나의 이정표가 된다고 할 수 있다.

외국어로서의 영어를 특별히 가르치게 된 새로운 현상은 기존의 사역원의 위상과 4학 체제에 큰 변화를 가져 왔다. 이어 1891년(고종 28) 설립된 '한어학당'과 '일어학당'은 사역원과 4학 체제를 크게 흔들어 놓게 된다. 현실적으로 청학과 몽학은 그 위상을 잃어버렸으며, 마침내 중요 외국어에서 빠져 버리게 되었다.

아울러 중요한 사실 하나는, 그 무렵 이미 왜학(왜어)이 아니라 일어(일본어)라는 용어를 쓰게 되었다는 점이다. 지극히 상징적인 장면이라 하겠다. 1876년(고종 13)의 강화도 조약 체결 이후 일본과의 교섭이 활발해졌다는 것, 그와 더불어 일본의 비중이 그만큼 높아졌다는 것을 말해 준다.

(3) 1894년(고종 31)의 갑오경장과 홍범14조, 교육입국조칙, 그리고 새로운 관제의 확립과 더불어 중요 외국어의 종류와 비중 역시 새롭게 정비되기 시작했다. 1895년(고종 32) 5월 10일, '외국어학교관제'가 공포되었다. 이 관제에 의거해 영어, 일어, 한어(중국어), 법어(프랑스어), 덕어(독일어), 아어(러시아어)를 가르치는 여섯 개의 외국어 학교가 설립되었다.[4학에서의 청어(만주어)와 몽어는 확실하게 제외된다.] '관립외국어학교의 6개 외국어 체제'라 부를 수 있겠다. 이들 여섯 외국어는 오늘날에도 그 위상이 거

의 그대로 유지되고 있다고 해도 좋을 정도이다. 오늘날의 원형이 그때 이루어졌다고 볼 수도 있다.

아울러 사역원 체제 시대와 크게 달라진 점들을 지적할 수 있다. 우선 외국어 교육이 공교육에서만 이루어질 뿐만 아니라, 사립학교(예컨대 배재학당)나 종교 단체(미션스쿨) 등에서도 이루어지기 시작했다는 것이다. 그리고 외국인에 의해서 설립되는 학교도 확인된다. 다음으로 외국어는 대체로 중인 신분이 전문으로 한다는, 계층과 신분 인식이 보다 유연해졌다고 할 수 있다. 종래 설령 한어(중국어)는 못하더라도 한문 필담을 통해서 의사소통할 수 있다는 자신감도 새로운 서양 언어들 앞에서는 힘을 쓸 수가 없었다. 한자나 유교 문화 자체를 넘어서기 때문이다.

그 시대가 그러했듯이 외국어학교 역시 몇 차례의 체제상의 변화를 겪었다. 그러다 1910년 한일합병으로 조선은 일본의 식민지가 되었으며, 더 구체적으로 1911년 공포된 '조선교육령'으로 학교 자체가 폐지될 때까지 중요 외국어 교육이라는 큰 틀은 유지되었다.

하지만 격동의 시대였던 만큼, 중요 외국어들 역시 나름대로 심한 변화를 겪어야만 했다. 한반도 내에서 그 나라의 정치적 성쇠와 더불어 그 나라의 언어(외국어) 역시 부침을 겪지 않을 수 없었다. 현실적으로 그 중요성을 급격하게 키워간 외국어,

다른 말로 하자면 인기가 있었던 외국어로는 역시 영어와 일어를 들어야 할 것이다. 동문학과 육영공원의 존재가 상징해 주듯이 새로운 외국어로서의 영어의 위상은 대단했다. 더욱이 영어는 미국과 영국이라는 강대국 두 나라와 직접 통할 수 있는 외국어였기 때문이다. 그렇지만 미국이나 영국은 조선에 대해서 직접 영향력을 행사하려고 하지 않았다. 다른 말로 하자면 그들은 직접 조선을 침략하려는 의도 자체가 약했다고 할 수 있다. 따라서 영어는 일어 다음이었다. 가장 큰 힘을 발휘했던 외국어는 일어를 들어야 할 것이다. 한성, 인천, 평양 세 곳에 일어학교를 세웠던 것도 그렇고, 일본은 한반도의 실질적인 지배권을 둘러싸고 청일전쟁(1894)과 러일전쟁(1904)이라는 두 차례의 전쟁을 치렀다. 그들 전쟁에서 승리한 만큼, 한반도에 대한 일본의 영향력은 커졌다. 그와 더불어 일어 교육은 한층 더 위세를 떨치게 된다.

그리고 한어(중국어)와 아어(러시아어)의 비중과 위상은 축소되지 않을 수 없었다. 우선 청일전쟁의 결과는 동아시아 국제질서가 해체되었다는 것을 여실히 알려 주는 신호탄과도 같았다. 독립협회와 『독립신문』이 보여 주는 중국에 대한 비판적인 태도를 충분히 이해할 수 있다. 그와 더불어 한어의 위상은 위축되지 않을 수 없었다.

근대에 접어들어 조선에서 가장 극적인 변화를 겪은 외국어로는 아어(러시아어)를 꼽을 수 있다. 함경도 지방과 러시아는 근접해 있어 지역적으로 비공식적인 접촉은 있었지만 1884년(고종 21) 조러수호통상조약을 맺음으로써 공식적인 관계를 맺게 되었다. 공적인 아어 교육이 없었기 때문에, 러시아 연해주 지역으로 이주해간 조선인(한인)들이 통역 역할을 하게 된다.

그러다 1896년(고종 33) 2월 관립한성아어학교가 설립되었다. 청일전쟁 전후처리에 대한 이른바 '삼국간섭'(러시아·프랑스·독일)과 더불어 러시아의 발언권이 강해졌으며, 아관파천과 러시아 니콜라이 2세 황제 대관식에 사절단 파견, 그리고 러시아 군사고문과 훈련교관 초청과 무기 구입 등의 과정을 거치면서 러시아의 영향력은 절정에 달했다고 할 수 있다. 그와 더불어 아어, 즉 러시아어의 비중과 위상 역시 급격하게 커지게 되었다.

하지만 아어, 러시아어, 더 나아가서는 러시아의 위세는 러일전쟁과 더불어 빠르게 변하게 된다. 러일전쟁이 터지자 일본은 아어학교 건물을 차지했을 뿐 아니라 수업 역시 중단시켰다. 일본군은 서울을 점령한 후 러시아공관 철수를 요구했으며, 러시아 군사교관과 재정고문은 소환되었으며, 한러은행은 폐쇄되었다. 아어학교 역시 무기한 휴교에 들어갔다. 그 빈자리는 대부분 일본이 채우게 된다.

1908년(순종 2) 외국어학교들이 관립한성외국어학교로 통합되는 과정에서도 완전히 배제되었다. 5개 외국어학부(영어부, 일어부, 한어부, 법어부, 덕어부)가 설치되었을 뿐이다. 외국어로서의 아어, 러시아어 교육은 1896년부터 1904년 2월 폐교될 때까지 8년간 지속되었을 뿐이다. 러시아어는 긴 공백기를 거쳐 해방(1945년 8월 15일) 직후 소련군의 북한 지역 점령, 진주와 더불어 한반도에 다시 등장하게 된다.

1910년 한일합병으로 외국어학교는 폐지되고 조선은 일본의 식민지가 되었다. 일어의 위세는 한층 더 커졌다. 일본은 「조선교육령」(1911)을 제정해 학제를 전면적으로 개편하고 일본어를 각급 학교에서 필수로 가르치게 했다. 식민지는 그 나라가 망했거나 빼앗긴 것을 의미한다. 외국어와 국어는 당연히 '국가'의 존재를 전제한다. 나라가 없어진 곳에서는 예전의 외국어가 어느 날 갑자기 '국어'로 둔갑해 사용을 강요당하는 엄청난 비극이 일어날 수도 있기 때문이다.

참고문헌

『경국대전(經國大典)』.

『교회내의계사선생안(敎誨內醫計士先生案)』.

『과거등록(科擧謄錄)』.

『과제총의(科制總議)』.

『대전통편(大典通編)』.

『대전회통(大典會通)』.

『동문휘고(同文彙考)』.

『비변사등록(備邊司謄錄)』.

『사역원방목(司譯院榜目)』.

『상원과방(象院科榜)』.

『성원록(姓源錄)』.

『속대전(續大典)』.

『승정원일기(承政院日記)』.

『역과방목(譯科榜目)』.

『역과보(譯科譜)』.

『역과팔세보(譯科八世譜)』.

『역등제보(譯登第譜)』.

『역보(譯譜)』.

『역팔세보(譯八世譜)』.

『의역주팔세보(醫譯籌八世譜)』.

216

『이향견문록(里鄉見聞錄)』.

『잡과방목(雜科榜目)』.

『조선시대잡과합격자총람(朝鮮時代雜科合格者總覽)』.

『조선왕조실록(朝鮮王朝實錄)』.

『중인내력(中人來歷)의 약고(略考)』.

『통문관안(通文館案)』.

『통문관지(通門館志)』.

『회조일사(熙朝軼事)』.

『육전조례(六典條例)』.

「칙령 88호 1895년 5월 10일 외국어학교관제」.

「칙령 43호 1906년 8월 27일 외국어학교령」.

「칙령 28호 1908년 5월 7일 외국어학교령 중 개정건」.

「학부령 14호 1902년 3월 4일 외국어학교규칙개정」.

「학부령 22호 1906년 8월 27일 외국어학교령시행규칙」.

「학부령 12호 1908년 5월 11일 관립한성외국어학교속성과규칙」.

『CD-ROM 잡과방목』.

강신항, 『이조시대의 역학정책과 역학자』, 탑출판사, 1985.

_____, 『한국의 역학』, 서울대학교출판부, 2000.

강재언, 『조선통신사의 일본견문록』, 이규수 옮김, 한길사, 2005.

김두헌, 『조선시대 기술직 중인 신분 연구』, 경인문화사, 2013.

김명배, 『개화기의 영어이야기』, 국제영어대학원대학교출판부, 2007.

김양수, 『조선후기 중인집안의 발전』, 백산자료원, 2008.

박종효, 『러시아 국립문서보관소 소장 한국 관련 문서 요약집』, 한국국제교
류재단, 2002.

백옥경, 『조선전기 역관연구』, 한국연구원, 2006.

송준호, 『조선사회사연구: 조선사회의 구조와 성격 및 그 변천에 관한 연구』, 일조각, 1987.

손숙경, 『중인 김범우 가문과 그들의 문서』, 부산교구 순교자 현양위원회, 1992.

손인수, 『한국개화교육연구』, 일지사, 1985.

양오진, 『노걸대 박통사 연구』, 제이앤씨, 2008.

원창애·박현순·송만오·심승구·이남희·정해은, 『조선시대 과거 제도 사전』, 한국학중앙연구원출판부, 2014.

이광린, 『한국개화사연구』, 일조각, 1977.

이광숙, 『개화기의 외국어교육』, 서울대학교출판문화원, 2014.

이남희, 『조선후기 잡과중인 연구: 잡과입격자와 그들의 가계 분석』, 이회, 1999.

_____, 『영조의 과거(科擧), 널리 인재를 구하다』, 한국학중앙연구원출판부, 2013.

_____, 『조선왕조실록으로 오늘을 읽는다』, 다할미디어, 2014.

_____, 『역사문화학: 디지털시대의 한국사 연구』, 북코리아, 2016.

_____, 『조선후기 의역주팔세보 연구: 중인의 족보 편찬과 신분 변동』, 아카넷, 2021.

_____, 『조선시대 언간을 통해 본 왕실 여성의 삶과 생활세계』, 역락, 2021.

_____, 『언간: 조선시대 한글로 쓴 편지』, 은행나무, 2023.

_____, 『여성선비와 여중군자』, 다할미디어, 2023.

이동기, 『조선후기 중인교육』, 영남대학교출판부, 2014.

이성무, 『조선 초기 양반연구』, 일조각, 1980.

_____, 『한국의 과거제도』, 집문당, 1994.

이성무·최진옥·이남희 DB 편찬, 『CD-ROM 잡과방목』, 한국학중앙연구원·동방미디어, 2002.

이재옥, 『조선시대 과거 합격자의 디지털아카이브와 인적 관계망』, 보고사, 2018.

정광, 『조선조 역과 시권 연구』, 성균관대학교 대동문화연구원, 1990.

_____, 『조선시대의 외국어교육』, 김영사, 2014.

_____, 『역학서의 세계: 조선 사역원의 외국어 교재 연구』, 박문사, 2017.

정광·윤세영, 『사역원 역학서 책판연구』, 고려대학교출판부, 1997.

정옥자, 『조선후기 중인문화 연구』, 일지사, 2003.

한영우, 『과거 출세의 사다리: 족보를 통해 본 조선 문과급제자의 신분이동』 1-4, 지식산업사, 2013-2014.

한우근 외, 『역주 경국대전』, 한국정신문화연구원, 1985.

허경진, 『조선위항문학사』, 태학사, 1997.

역사학회공동연구, 『근대사회의 中産層(中間層: Middle class)에 관한 연구: 조선후기의 中人을 중심으로』, 역사학회, 1982.

연세대 국학연구원 엮음, 『한국 근대이행기 중인연구』, 신서원, 1999.

_____, 『고려 조선전기 중인연구』, 신서원, 2001.

한국학중앙연구원 장서각, 『명가의 고문서10: 조선의 스페셜리스트』, 2016.

후루카와 아키라, 『구한말 근대학교의 형성』, 이성각 옮김, 경인문화사, 2006.

김경미, 「육영공원의 운영 방식과 학원의 학습 실태」, 『한국교육사학』 21, 1999.

김석근, 「한국 전통사상에서의 평화 관념: '사대'와 '중화'를 중심으로」, 『21

세기 평화학』, 풀빛, 2002.

김영우, 「구한말 외국어교육에 관한 연구(I)」, 『공주사대논문집』 16, 1978.

_____, 「구한말 외국어교육에 관한 연구(II)」, 『공주사대논문집』 21, 1983.

김종원, 「통문관지의 편찬과 중간에 대하여」, 『역사학보』 26, 1965.

김현영, 「조선후기 중인의 가계와 경력: 역관 천녕현씨가 고문서의 분석」, 『한국문화』 8, 1987.

노인화, 『대한제국 시기 관립학교 교육의 성격 연구』, 박사학위논문, 이화여자대학교, 1989.

박성래, 「조선유교사회의 중인기술교육」, 『대동문화연구』 17, 1983.

박종효, 「관립 아어학교 설립과 교사 비류코프의 활동(1896-1916)」, 『한국근현대사연구』 46, 한국근현대사 학회, 2008.

박창남, 『개화기 관립외국어학교 출신자 연구』, 박사학위논문, 성균관대학교, 2012.

반병률, 「노령 연해주 한인사회와 한인민족운동(1905-1911)」, 『한국근현대사연구』 7, 한국 근현대사학회, 1997.

백옥경, 「조선후기 역관의 정치적 동향연구」, 『국사관논총』 72, 1996.

송기중, 「경국대전에 보이는 역학서서명에 대하여」, 『국어학』 14, 국어학회, 1985.

송만오, 「조선후기의 역관 김상순에 대하여」, 『전주사학』 4, 1996.

신용하, 「오경석의 개화사상과 개화활동」, 『역사학보』 107, 역사학회, 1985.

우현정, 『고종 대(1863-1907) 관립 외국어교육기관 출신자 연구』, 박사학위논문, 충남대학교, 2020.

_____, 「조선후기 역관 양성의 실제」, 『교육사학연구』 31(1), 교육사학회, 2021.

_____, 「조선 후기 사역원 생도의 진로: 《완천록》과 《완천기》를 중심으

로」, 『한국교육사학』 45(2), 한국교육사학회, 2023.

원영환, 「조선시대의 사역원제도」, 『남계조좌호박사화갑기념사학논총』, 1977.

유정화, 「최초 러시아어 통역사들의 등장배경과 역할」, 『통번역학연구』 16, 한국외국어대학교 통번역연구소, 2012.

이광숙, 「한국에서 외국어교육의 역사」, 『독어교육』 21, 한국독어독문학교육학회, 2001.

_____, 「개화기의 독일어 교육」, 『독어교육』 46, 한국독어독문학교육학회, 2009.

_____, 「대한제국의 한어학교에 관한 연구」, 『교육연구와 실천』 77, 서울대학교 교육종합연구원, 2011.

_____, 「대한제국 법어학교에 관한 연구」, 『어학연구』 48(1), 언어교육원, 2012.

이남희, 「조선전기 기술관의 신분적 성격에 대하여」, 『고려 조선전기 중인연구』, 신서원, 2001.

_____, 「조선 중기 서울의 잡과중인 연구: 16-17세기 잡과합격자를 중심으로」, 『향토서울』 67, 서울역사편찬원, 2006.

_____, 「조선후기 잡과의 위상과 특성: 변화 속의 지속과 응집」, 『한국문화』 58, 규장각한국학연구원, 2012.

_____, 「고려시대의 과거제와 공공성」, 『한국동양정치사상사연구』 12(2), 한국동양정치사상사학회, 2013.

_____, 「잡과방목과 한국학 자료의 외연 넓히기」, 『장서각』 32, 한국학중앙연구원, 2014.

_____, 「조선후기 잡과 교육의 변화와 특성: 잡학 생도와 교재를 중심으로」, 『한국동양정치사상사연구』 13(1), 한국동양정치사상사학회,

2014b.

_____, 「잡과합격자의 타과 진출 사례 분석: 조선후기 사회변동과 관련해서」, 『열린정신 인문학 연구』 15(2), 인문학연구소, 2014c.

_____, 「고려시대의 유교적 공공성 시론: 인재선발과 교육을 중심으로」, 『원불교사상과 종교문화』 65, 원불교사상연구원, 2015.

_____, 「조선시대 전주이씨 장천군파(長川君派)의 잡과 진출」, 『한국동양정치사상사연구』 16(2), 한국동양정치사상사학회, 2017.

이상규, 「역관 가계 형성의 사례 검토」, 『한국계보연구』 2, 한국계보연구회, 2011.

이성무, 「조선 초기 기술관과 그 지위」, 『유홍렬박사화갑기념사학논총』, 1971.

_____, 「조선전기 중인층의 성립문제」, 『동양학』 8, 단국대학교 동양학연구원, 1978.

정승혜, 「한국에서의 외국어교육에 대한 역사적 고찰」, 『이중언어학』 21, 이중언어학회, 2002.

_____, 「한국의 역학서 연구 현황과 과제」, 『국어사연구』 34, 국어사학회, 2022.

한영우, 「조선초기 신분계층연구의 현황과 문제점」, 『사회과학평론』 1, 1982.

_____, 「조선후기 〈중인〉에 대하여」, 『한국학보』 42, 일지사, 1986.

한용수, 「한국 근대시기의 한어교육」, 『한중인문과학연구』 8, 한중인문학회, 2002.

허지은, 「쓰시마 역지통신교섭과 조선어통사의 한글문서」, 『대동문화연구』 106, 대동문화연구원, 2019.

국립중앙도서관 한국고전적종합목록시스템(http://nl.go.kr/korcis).

국립중앙박물관 e-뮤지엄(https://emuseum.go.kr).

국사편찬위원회 한국사데이터베이스(http://db.history.go.kr).

규장각한국학연구원 원문검색서비스(https://kyudb.snu.ac.kr).

디지털장서각(http://jsg.aks.ac.kr).

국가유산청 국가유산포털(https://www.heritage.go.kr).

한국고전번역원 한국고전종합DB(http://db.itkc.or.kr).

한국역대인물종합정보시스템(http://people.aks.ac.kr).

한국학디지털아카이브(http://yoksa.aks.ac.kr).

한국학자료센터(http://kostma.aks.ac.kr).

한국학자료통합플랫폼(https://kdp.aks.ac.kr).